现代交通运输管理研究书系

城市道路交通事件影响分析与疏导策略

A Study on the Impacts and Dispersion of Traffic Incidents on Urban Roads

肖恢翚 ⊙ 著

北京·旅游教育出版社

策　　划：李红丽

责任编辑：巨瑛梅

图书在版编目（CIP）数据

城市道路交通事件影响分析与疏导策略 / 肖恢翚著
. -- 北京：旅游教育出版社，2018.11
（现代交通运输管理研究书系）
ISBN 978-7-5637-3850-2

Ⅰ．①城… Ⅱ．①肖… Ⅲ．①城市道路—交通运输事故—研究 Ⅳ．①U491.31

中国版本图书馆CIP数据核字(2018)第232205号

现代交通运输管理研究书系

城市道路交通事件影响分析与疏导策略

肖恢翚　著

出版单位	旅游教育出版社
地　　址	北京市朝阳区定福庄南里1号
邮　　编	100024
发行电话	（010）65778403　65728372　65767462（传真）
本社网址	www.tepcb.com
E‑mail	tepfx@163.com
排版单位	北京旅教文化传播有限公司
印刷单位	北京玺诚印务有限公司
经销单位	新华书店
开　　本	710毫米×1000毫米　1/16
印　　张	11
字　　数	148千字
版　　次	2018年11月第1版
印　　次	2018年11月第1次印刷
定　　价	48.00元

（图书如有装订差错请与发行部联系）

前言 Foreword

当前城市道路交通事件的发生频率居高不下，成为导致城市道路交通拥堵、降低路网运行效率的主要原因之一。通过探索城市道路交通事件影响的扩散机理及其疏导与控制策略，可以有效地预防和控制交通拥堵。本书通过构建交通事件影响下的城市网络交通流模型，分析了交通事件影响下的交通流运行规律，揭示了不同路网条件下交通事件影响的形成与扩散机理，探讨了面向交通事件的城市道路交通拥堵疏导策略。

首先，基于元胞传输模型，以交通流密度作为状态变量，针对交通事件发生的不同位置，调整了元胞的划分方式，将特征差异较大的事发路段与正常运行路段进行区别分析，重新确定了事件影响下各个元胞的发送函数及接受函数，并以实际采集的交通事件下的检测器数据为依据，构建了交通事件影响下的网络交通流模型（ECTM）。

基于 ECTM 模型，本书提出了事件影响长度的概念，用以定量表征交通事件影响范围，并结合路段行程时间、平均拥堵延误、平均行程速度及事件影响长度等指标共同构建了交通事件影响评价指标体系。通过综合考虑交叉口的渠化、信号配时及道路开口对交通流的影响，避免了 CTM 模型中对节点的简单处理，真实反映了不同连接方式的元胞之间的流量传输方式，构建了普通城市道路交通事件影响范围预测模型（ECTM-R），并选取南京市主城区局部路网的实测数据进行验证分析，结果表明仿真数据的变化趋势与实测数据基本一致。为了进一步验证 ECTM-R 模型的准确性，通过仿真分析的方法，与已有模型（SCTM 模型）进行对比，比较了两种模型下的交通事件影响评价指标及误差，结果表明 ECTM-R 模型的准确性更高。

结合 ECTM 模型，通过在路段模型中考虑亚稳态对交通流的影响，真实刻画快速路交通流运行中的典型现象,并在节点模型中考虑出入口匝道对交通流传播的影响,构建了城市快速路交通事件影响范围预测模型(ECTM-F)。通过对北京市局部快速路网的实例分析及与 SCTM 模型的对比分析表明,依据 ECTM-F 获取的仿真数据与实测数据的变化趋势基本吻合,且此模型的准确性要高于 SCTM 模型。分别基于 ECTM-R 与 ECTM-F 模型,研究了在高峰时段与平峰时段下,交通事件发生后城市快速路与普通城市道路的交通状态变化,并对两种不同路网条件下的交通事件影响差异进行描述。结果表明,当交通事件发生于平峰时段的城市快速路时,拥堵延误及事件影响范围的增长速度及下降速度均要高于普通城市道路;当交通事件发生于高峰时段的城市快速路时,事件影响评价指标值的增长速度仍比普通城市道路要高,但其下降速度却要低于普通城市道路。

基于 ECTM-R 模型,将预测所得的普通城市道路的事件影响范围划分为三个不同的处置区域:处置区、控制区及预警区,并针对不同的区域特征分别提出了不同的疏导目的及疏导策略。在此基础上,以控制区为研究对象,利用正交设计均匀分散、齐整可比的特性有效弥补了蚁群算法搜索时间长、易陷于局部最优解的两个主要缺陷,建立了基于蚁群算法及正交试验设计的交通流疏导模型,并结合所选定的路网及实测数据,快速生成了交通事件疏导配流方案。通过与已有模型获取的配流方案进行对比分析,比较了两种配流方案下的交通事件影响评价指标,结果表明应用基于正交设计及蚁群算法的动态疏导模型所获取的配流方案更为均衡合理。

最后,基于快速路交通事件的基本特性,提出了快速路交通事件疏导策略的总体目标。基于此目标,结合 ECTM-F 模型,确定了事件处置区域的划分方法,提出了针对不同处置区域的基于 VMS 的快速路交通事件疏导策略,并将此策略应用于具体路网,结果表明此策略较已有疏导方法可以更有效地抑制交通事件的影响。

本书在撰写的过程中,得到了本人博士生导师陆建教授的鼎力支持和悉心指导,在此表示衷心的感谢。

本著作受上海工程技术大学学术著作出版专项资助,在此深表感谢。

肖恢翚

2018 年 9 月于上海工程技术大学

本书使用的符号及变量说明

G：路网

T：时段

k：时刻

q：交通流量

$q_j(k)$：元胞 j 在 $(k, k+1)$ 时段的交通流量

ρ：交通密度

ρ_J：阻塞密度

$\rho_{o,j}$：元胞 j 的临界密度值

ρ_c：拥挤流向自由流转变的临界车流密度

ρ_f：自由流向拥挤流转变的临界车流密度

$\rho_i(k)$：第 k 个时段元胞 i 的车流密度

$\rho_{i,J}$：元胞 i 的阻塞密度

v：自由流速度

v_{li}：元胞 i 处的限速值

$v_i(k)$：第 k 个时段元胞 i 的平均车速

v_{kj}^i：控制区内元胞 i 的期望运行速度

w：激波速度

q_M：最大流量

Δt：时间步长

$n_i(k)$：元胞 i 中所包含的车辆数

$y_i(k)$：在 $(k, k+1)$ 时段元胞 $i-1$ 流入元胞 i 的车辆数

$Q_i(k)$：在 $(k, k+1)$ 时段流入元胞 i 的最大车辆数

$N_i(k)$：在 $(k, k+1)$ 时段元胞 i 所能承载的最大车辆数

$S_{i-1}(k)$：在 $(k, k+1)$ 时段元胞 $i-1$ 在自由流状态下所能提供的最大流量

$S_{i-1}^{j^o}(k)$：在 $(k, k+1)$ 时段优先于路径 j 的其他路径从元胞 $i-1$ 驶出的最大流量

$S_{i-1,j}^{a}(k)$：第 k 个时段上游路段 a 的渠化元胞 $i-1$ 能提供给下游路段 j 的最大流量

$S_m(k)$：末端元胞的允许流出量

$R_i(k)$：在 $(k, k+1)$ 时段元胞 i 在拥挤流状态下所能接收的最大流量

$R_{i,j}(k)$：第 k 时段下游路段 j 混行元胞 i 所能接受的最大流量

$p_{i-1,j}^{a}(k)$：第 k 时段由上游路段 a 的渠化元胞 $i-1$ 驶入下游路段 j 混行元胞 i 的流量占驶入元胞 i 的总流量的比例

$\rho_i(k)$：第 k 时段元胞 i 的车流密度

l_i^a：路段 a 中元胞 i 的长度

l_{kj}^a：控制区内元胞 i 距离处置区的长度

$q_{i,in}(k)$：$(k, k+1)$ 时段内单位时间所有进入元胞 i 的车辆数

$q_{i,out}(k)$：$(k, k+1)$ 时段内单位时间所有离开元胞 i 的车辆数

Q_i'：元胞 i 折减后的通行能力

$c_a(k)$：k 时段内进入路段 a 的不同出行者在路段 a 上的平均行程时间

$c_{ai}^h(k)$：第 h 位出行者经过路段 a 第 i 个元胞的行程时间

$y_i^a(k)$：k 时段内进入路段 a 第 i 个元胞的出行者数

$y_{i,out}(k)$：元胞 i 的总流出量

$D(k)$：k 时段内路网 G 的总延误

$\bar{D}_T$：时段 T 内路网 G 的平均拥堵延误

U_T：时段 T 内累计进入路网 G 的总车辆数

$\bar{v}_a$：路段 a 的平均行程速度

$IL(k)$：交通事件发生后 k 时刻的影响长度

$IL_{\max}$：路段交通流恢复自由流状态前所能达到的最大事件影响长度

$\bar{e}_{i+1}(k)$：第 k 时段由路段开口进入元胞 $i+1$ 的预估流量

$v_i(k)$：第 k 时段元胞 i 进入路段开口的流量占总流出量的比例

$y_{i+1,j}(k)$：在第 k 时段由混行元胞 i 驶入流向 j 的渠化元胞 $i+1$ 的流量

$y_{i,out}(k)$：在第 k 时段驶出元胞 $i-1$ 的所有车辆数

$y_m(k)$：第 k 时段驶出末端元胞的流量

θ_j：混行元胞 i 进入流向 j 的渠化元胞 $i+1$ 的流量占元胞 i 总流出量的比例

θ_j^a：路段 a 去往路段 j 的车流所占车道数占渠化区总车道数的比例

$\bar{Q}_{i,j}^a(k)$：k 时段由上游路段 a 的渠化元胞 $i-1$ 流入下游路段 j 元胞 i 的最大车辆数

γ_j^a：路段 a 去往路段 j 的车流由于车辆转弯、重型车比例、路段坡度等原因而导致输出能力下降的折减系数

$\zeta_{i-1,j}^a$：路段 a 的末端元胞分配给去往路段 j 的饱和流率

$D_i(k)$：第 k 时段起始元胞 i 的交通需求

$Z_i(k)$：第 k 时段元胞 i 的车流状态

$r_{m,i+1}(k)$：入口匝道 $i+1$ 的实测流量

$x_a^s(t)$：t 时刻路段 a 上要去往终点 s 的流量

$x_a(t)$：t 时刻路段 a 上的流量

$u_a^s(t)$：t 时刻进入路段 a 要去往终点 s 的流入率

$v_a^s(t)$：t 时刻离开路段 a 要去往终点 s 的流出率

$g_l^s(t)$：t 时刻节点 l 产生的要去往终点 s 的流率

$c_a(t)$：t 时刻路段 a 上的瞬时阻抗

$c_a^h(t)$：t 时刻第 h 位出行者经过路段 a 所需要的时间

$c_a(0)$：初始时刻出行者以自由流速度通过路段 a 所需的时间

Z：路网的总行程时间

N_a：t 时刻路段 a 上的出行者数

τ_{ij}：路段 (i, j) 上的信息素量

∂：路径上信息素的挥发系数

$\Delta\tau_{ij}^{rs}$：OD 对 (r, s) 间路段 (i, j) 上信息素的增量

$p_{ij}^{k}(t)$：t 时刻蚂蚁 k 在节点 i 处选择转移至节点 j 的概率

η_{ij}：路段长度 d_{ij} 的倒数

ε_{ij}：路段流量 q_{ij} 的倒数

$r_{j}(k)$：第 k 时段事发路段所在元胞 j 上游的多个入口匝道的累计交通需求量

D_z：纵向车距

D_h：横向车距

f：车辆与路面之间的纵向摩擦系数

第一章 绪 论 / 1

第一节 研究背景及意义 / 1
第二节 国内外文献综述 / 2
    一、交通事件影响下的交通流模型 / 2
    二、路网环境下的交通事件影响范围 / 6
    三、基于交通事件的交通拥堵疏导策略 / 9
    四、城市动态网络交通流分配模型 / 12
第三节 国内外研究成果评述 / 14
第四节 研究目的及主要内容 / 15
    一、研究目的 / 15
    二、主要研究内容 / 15
第五节 本书结构安排 / 16
本章小结 / 17

第二章 交通事件影响下的城市道路网络交通流模型 / 18

第一节 元胞传输模型理论概述 / 18
    一、CTM路段模型 / 19
    二、CTM节点模型 / 20
第二节 元胞传输模型应用概述 / 22
    一、动态交通网络设计 / 23

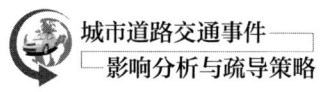

二、动态交通分配 / 24
三、交通流动态模拟 / 24
四、信号控制优化 / 25
五、其他应用 / 26
第三节 交通事件下的改进型元胞传输模型 / 26
一、元胞长度的可变设计 / 27
二、交通事件对主要特征参数的影响 / 28
三、基于事件位置的元胞划分 / 32
本章小结 / 34

第三章 普通城市道路交通事件影响分析 / 36

第一节 交通事件影响评价指标体系 / 36
一、路段行程时间 / 37
二、平均拥堵延误 / 38
三、平均行程速度 / 39
四、事件影响长度 / 39
第二节 普通城市道路交通事件影响范围预测模型 / 41
一、模型假设 / 41
二、模型构建 / 42
第三节 实例验证 / 49
一、模型参数标定 / 49
二、结果分析 / 57
第四节 仿真分析 / 62
一、仿真参数确定 / 62
二、仿真结果分析 / 63
本章小结 / 67

第四章 城市快速路交通事件影响分析 / 69

第一节 快速路交通事件影响范围预测模型 / 69
一、模型假设 / 69

二、模型构建 / 70

第二节　实例验证 / 76

　　一、模型参数标定 / 76

　　二、结果分析 / 81

第三节　仿真分析 / 88

　　一、仿真参数确定 / 88

　　二、仿真结果分析 / 89

　　三、与普通城市道路的事件影响对比分析 / 95

本章小结 / 101

第五章　普通城市道路交通事件疏导策略研究 / 103

第一节　交通事件影响范围的区域划分 / 103

　　一、处置区 / 104

　　二、控制区 / 104

　　三、预警区 / 105

第二节　不同区域内的交通疏导策略 / 105

　　一、处置区 / 105

　　二、控制区 / 106

　　三、预警区 / 106

第三节　基于正交试验设计及蚁群算法的交通流疏导模型 / 107

　　一、正交试验设计原理及其应用 / 107

　　二、蚁群算法原理及其应用 / 110

　　三、基于正交设计及蚁群算法的动态疏导模型 / 114

第四节　实例分析 / 122

本章小结 / 130

第六章　城市快速路交通事件疏导策略研究 / 132

第一节　快速路交通事件特性及其疏导目标 / 132

第二节　快速路交通疏导策略分析 / 134

　　一、交通事件影响范围的区域划分 / 134

二、不同区域内的交通疏导策略 / 135
第三节 基于VMS的不同区域疏导方案设计 / 139
一、处置区的疏导方案 / 140
二、控制区的疏导方案 / 145
三、预警区的疏导方案 / 148
第四节 实例分析 / 151
一、处置区的VMS疏导方案 / 152
二、控制区的VMS疏导方案 / 154
三、预警区的VMS疏导方案 / 156
四、主要评价指标的对比分析 / 157
本章小结 / 159

第七章 结论与展望 / 161

第一节 主要研究结论 / 161
第二节 主要创新点 / 162
第三节 研究工作展望 / 163

第一章 绪　论

第一节　研究背景及意义

交通事件是指任何偶发性的能引起道路通行能力减少或需求增加的非正常事件。城市道路网中出现的交通事件有许多类型，比如交通事故、车辆抛锚、路面维修、大型集会、游行等。① 随着我国经济的高度发展及城市化进程的不断推进，城市人口规模不断扩张，城市小汽车保有量迅速增长，城市道路交通事件频发。以城市交通事件中最常见的交通事故为例，据统计，2014年全国交通事故发生数总计196 812起，造成58 523人死亡、211 882人受伤，直接财产损失达到107 543万元。② 交通事件的发生率居高不下，不仅给道路参与者的生命财产安全造成严重损失，而且对经济和社会发展产生不良影响，还对城市道路的安全畅通造成严重威胁。

目前，交通事件已成为导致城市道路交通拥堵、降低路网运行效率的主要原因之一。交通事件一旦发生，通常会形成道路通行能力的瓶颈，产生车辆拥挤排队现象。如果事件未得到及时处理，交通拥堵很有可能会扩散并导致路网范围内的大面积交通拥堵，甚至是交通瘫痪。同时，交通事件在时间和空间上的不可预知性也极大地增加了预防与控制其影响的难度。

现有的关于城市道路交通事件影响的研究仍存在不足，忽视了不同类型、

---

① 王培宏. 城市交通事件应急管理系统及其理论问题的研究［D］. 天津：天津大学，2005.
② http://www.stats.gov.cn/adv.htm?m=advquery&cn=C01.

不同级别的交通事件对不同路网条件下交通流的时空动态影响；现有的研究主要针对高速公路交通事件的影响分析，其研究成果与城市道路交通环境下的影响扩散机理存在差异。另外，现有的道路交通事件的快速处置技术体系及机制仍不够完善，交通系统的应急能力仍有待进一步优化。

因此，本书拟通过构建交通事件影响下的城市网络交通流模型，揭示交通事件引发城市道路交通拥堵的形成与扩散机理，确定不同类型、不同级别的交通事件在不同路网条件、交通流条件以及处置时间下的影响范围。在得到交通影响范围的基础上，结合网络交通流模型及动态交通流疏导模型，得出拥挤交通网络上的瞬时交通流分布状态，并以交通管制、调节信号配时和动态路径诱导等措施为主要手段，研究提出应对交通事件的疏导技术及应急预案，提升应对交通事件的能力。

本书的主要意义在于探索城市道路交通事件影响的扩散机理及其疏导与控制策略，研究成果有助于促进交通工程与控制科学、系统科学、管理科学与计算机工程等众多其他学科的交叉融合，并能够为城市交通管理部门提供科学的理论和技术支持，对促进城市交通系统的健康可持续发展具有理论意义及应用价值。

第二节　国内外文献综述

一、交通事件影响下的交通流模型

Michalopoulos[①]（1981）提出了估算偶发性拥堵扩散范围的交通波模型。该模型依据流体动力学的基本原理，将交通流密度的变化比拟成水波的起伏并将其抽象为交通波。当交通流由于道路或交通状况的改变而引起密度发生改变时，在交通流中就产生了交通波的传播。通过分析交通波的传播速度，以揭示交通流量与密度、速度之间的关系，并描述交通流拥堵的形成与消散过程。

---

① Panos G Michalopoulos, Vijaykumar B Pisharody. Derivation of delays based on improved macroscopic traffic models [J]. Transportation Research Part B: Methodological, 1981, 15 (5): 299-317.

Morales[①]（1986）提出了利用到达率和离去率曲线估计事件引起的总延误的确定性排队论模型。该模型假设到达率和离去率是不变的确切值，可以计算得出拥挤持续时间和排队长度。由于实际交通流是具有波动性的，到达率和离去率也会随之发生改变，因此这个模型的计算结果不能应用于交通状态的实时估计，但其模型构建的想法对后来的研究具有深远影响。

Newell[②]（1993）提出了基于波动理论的累计流量到离曲线模型，并且由此衍生出了累计占有率到离曲线模型与累计流量-占有率曲线模型，通过这些模型对高速公路上的交通状态进行估计。该模型最大的优点是完全基于实际数据建立，缺点是只能对交通状态进行定性分析，无法获得实时的量化指标值。

T. Nagatani[③]（1993）提出了采用元胞自动机模型对交通事故引起的交通阻塞进行模拟，并探讨了在交通流模型中，交通事故的发生对动态阻塞相变的影响。

Lawson[④]（1997）通过对 I/O 模型进行改进，对瓶颈路段车辆排队的时空扩散范围进行了估计，区分了由事件引起的延误和车辆的排队时间，通过追踪队尾车辆的方法估算了拥挤的时空扩散范围；但是该模型假设到达率和离去率是固定不变的，不适用于过饱和交叉口的估计，且由事件引发的道路通行能力仅会出现一次变化。

Do H. Nam[⑤]（1998）以循环性挤塞为例，基于交通动力学原理，分析了在拥挤情况下高速公路的交通流特性。其中，采用了传统的两个宏观分析工具：确定性排队分析和冲击波的分析。比较研究结果表明，确定性排队分析和冲击波的分析相比，前者总是低估了总体延误。

---

① Morales M J. Analytical procedures for estimating freeway traffic congestion［J］. Public Road, 1986, 50（2）: 55-61.

② Newell G F. A Simplified Theory of Kinematic Waves in Highway Traffic, Part I: General Theory［J］. Transportation Research B, 1993, 27B（4）: 281-287.

③ Nagatani T. Effect of traffic accident on jamming transition in traffic-flow model［J］. Journal of Physics A: Mathematical and General, 1993（26）: 1015-1020.

④ Lawson T W, Lovell D J, Daganzo C F. Using the Input-Output Diagram to Determine the Spatial and Temporal Extents of a Queue Upstream of a Bottleneck［C］. Transportation Research Record 1572, Washington DC, 1997: 140-147.

⑤ Do H Nam, Donald R Drew. Analyzing Freeway Traffic Under Congestion: Traffic Dynamics Approach［J］. Journal of Transportation Engineering, 1998, 124（3）: 208-212.

D. Helbing[1]（2003）基于动态的排队网络模型和交通流的基本特征，通过将道路细分为较长的具有恒定通行能力的均匀路段，探讨了在特定横截面的流量和车辆的平均出行时间。该模型可以描述交通流的回滞现象及典型的阻塞模式，然而其准确性却不如设定恒定的传播速度及可以描述停止-启动波的宏观交通模型。

E. Bourrel 与 J. B. Lesort[2]（2003）结合微观模型和宏观模型的交通流建模方法，提出了一种基于 LWR 模型的混合模型。该混合模型主要解决了离散交通流与连续交通流之间的过渡边界问题。该模型可以清晰地反映出由交通事件引起的排队形成与消散波的传播过程。

Sheu[3]（2004）基于车道变换行为定义了 6 个随机交通参数，提出了随机排队预测模型用以预测事件发生点处的排队长度。但是该模型并不适用于对多条车道阻塞的交通事件进行研究。该模型对驾驶人的换道行为设定了一系列的假设，并且在预测过程中必须保证排队长度不会超出上游检测器。

M. Schönhof 与 D. Helbing[4]（2007）通过对一高速公路路段的多起交通事件引起的拥挤交通状态的特征属性之研究，确定了 5 种不同的时空拥堵模式及其组合模式。基于拟合平滑法建立模型，与一阶、二阶宏观交通模型进行对比，并对"反向效应""同步流"及"停止-启动波"等问题进行了探讨。

T. Q. Tang 等[5]（2009）分析了由交通事件造成的交通中断概率，并通过其对车辆跟车行为的影响之研究，提出了一个新的跟车模型。该模型的稳定状态通过使用线性稳定理论得到，并构造了修正后的 KDV 方程，将交通流状态划分为稳态、亚稳态及非稳态。

---

[1] Helbing D. A section-based queueing-theoretical traffic model for congestion and travel time analysis in networks [J]. Phys. A: Math. General, 2003（36）: 593-598.

[2] Bourrel E, Lesort J B. Mixing Micro and Macro Representations of Traffic Flow: a Hybrid Model Based on the LWR Theory [J]. Journal of the Transportation Research Board, 2003: 193-200.

[3] Sheu J B, Chou Y H. Stochastic modeling and real-time prediction of incident effects on surface street traffic congestion [J]. Applied Mathematical Modeling, 2004（28）: 445-468.

[4] Schönhof M, Helbing D. Empirical Features of Congested Traffic States and Their Implications for Traffic Modeling [J]. Transportation Science, 2007, 41（2）: 135-166.

[5] Tang T Q, Huang H J, Wong S C, Jiang R. A new car-following model with consideration of the traffic interruption probability [J]. Chinese Physics B, 2009（18）: 975-983.

M. Baykal-Gürsoy[①]（2009）用干扰下的稳态排队系统 M/M/c 模拟了交通事件发生后的道路交通流。他假设了两种情况下的事件干扰：一种完全使路段丧失通行能力，另一种则是其通行能力减小、通行速度降低。通过模拟数据分析，该模型在获取事件的影响下，平均行程时间方面有较好的适用性。

王建军与黄兰华[②]（2007）运用交通波理论，分析了在交通事件和干预措施的综合作用下车流状态发生的变化，建立了基于交通速度－密度线性模型下的波速模型。通过对干预作用产生的干预波和交通事件影响产生的集结波、启动波、消散波相互作用的研究，构建了车流波位置和对应时刻模型，以及分流干预措施的解除时刻模型。

钱勇生等[③]（2011）在 NaSh 模型的基础上，通过对交通事故和养护路段等意外事件对高速公路交通流的影响之研究，建立了意外事件影响的车道管制条件下的高速公路交通流元胞自动机模型，并通过数值模拟得出了意外事件的发生位置、堵塞时间和堵塞路段长度对交通流的影响。

温惠英与罗钧[④]（2012）利用元胞自动机建立了单向双车道高速公路模型，并将短时交通事件对交通流的干扰区域划分为交通事件下游区域、核心区域及上游区域，同时构建了换道规则。其仿真结果表明：在低高密度交通流的情况下，相同事件对交通流的干扰存在一定差异，在排队时间、最大排队长度、平均排队长度上均有所不同。

李静瑶[⑤]（2013）将 OD 矩阵引入宏观交通流模型中，改进的交通流模型可以清晰地反映出各个路段中车流的内部结构，更为准确地预测出各个匝道出口流出的流量，并可大致预测出交通流高峰的峰值以及到来的时间。

[①] Baykal-Gürsoy M. Modeling traffic flow interrupted by incidents［J］. European Journal of Operational Research, 2009, 195（1）：127–138.

[②] 王建军, 黄兰华. 基于线性模型的高速公路交通事件和干预作用影响下的车流波分析［J］. 武汉理工大学学报：交通科学与工程版, 2007, 31（1）：172–175.

[③] 钱勇生, 曾俊伟, 杜加伟, 等. 考虑意外事件对交通流影响的元胞自动机交通流模型［J］. 物理学报, 2011, 60（6）：103–112.

[④] 温惠英, 罗钧. 基于 CA 的短时交通事件干扰下的交通流仿真［J］. 交通信息与安全, 2012, 30（4）：80–84.

[⑤] 李静瑶. 研究异常事件下的宏观交通流模型［D］. 大连：大连理工大学, 2013.

二、路网环境下的交通事件影响范围

Wright 和 Roberg[1]（1998）通过对网络以及交通流特性的简化，建立了一个在交通事故条件下交通拥堵传播的静态解析模型。此研究有助于深入解释拥堵问题，为控制拥堵传播提供了新的思路。然而，由于此模型与实际交通行为仍有较大的差距，既不能描述出行者的动态路径选择行为也无法反映出交通流的动态特性，因此无法真实地刻画交通拥堵的传播规律。

Skabardonis 等[2]（2003）介绍了一种统计方法以计算城市高速公路上由拥堵引起的延误。基于此算法及实际采集的线圈感应器数据，计算了由交通事件引起的延误的平均值及概率分布，发现由交通事件引起的延误占高峰时段拥堵总延误的 13%~30%。

Kwon 与 Varaiya[3]（2005）基于交通数据（交通流量与速度）及交通事件发生的时间、地点数据，提出了一种高速公路交通事件影响算法，用以估计由交通事件引起的空间、时间影响范围及延误。

X Y Lu 与 A. Skabardonis[4]（2006）介绍了一种基于车辆轨迹数据的用以估计高速公路上冲击波传播速度的数值算法。此算法的关键在于，冲击波的传播速度为连续车辆速度轨迹的最小值的运行速度。结合拥堵状态下的实际数据，结果表明：所有的冲击波均独立于拥堵发生前的交通流速度。

Y. Ando 等人[5]（2006）将车辆看作一种在路网上的存储信息素（车流密度）的移动主体；依据改进的 Brueckner 提出的状态转移模型传播信息素及通过敏感性分析，确定最优参数的设置。在此基础上，借助探测车辆系统所获得的实际交通数据，预测近期前方即将发生的拥堵状态。

---

[1] Wright C, Roberg P. The conceptual structure of traffic jams [J]. Transport Policy, 1998, 5 (1): 23–35.

[2] Skabardonis A, Varaiya P, Petty K F. Measuring Recurrent and Nonrecurrent Traffic Congestion [J]. Journal of the Transportation Research Board, 2003: 118–124.

[3] Kwon J, Varaiya P. The Congestion Pie: Delay from Collisions, Potential Ramp Metering Gain, and Excess Demand [C]. Presented at 84th Annual Meeting of the Transportation Research Board, Washington, D.C., 2005.

[4] Lu X Y, Skabardonis A. Freeway Traffic Shockwave Analysis: Exploring the NGSIM Trajectory Data [C]. Presented at 86th Annual Meeting of the Transportation Research Board, Washington, D. C., 2006.

[5] Ando Y, Fukazawa Y, Masutani O, Iwasaki H, Honiden S. Performance of pheromone model for predicting traffic congestion [C]. Proc. 5th Int. Joint Conf. AAMAS, 2006: 73–80.

C. Furtlehner 等①（2007）通过浮动车数据对交通状态进行了实时预测，结合统计物理学的伊辛模型与置信传播算法，对包括拥堵在内的多种城市交通模式发生后交通流的时间空间状态进行了描述。

J. C. Long 等②（2008）基于元胞传输模型提出了一个城市路网的拥堵传输模型，并采用该模型对由交通事件等原因所引起的动态移动瓶颈加以辨别，然后对其造成的路网交通拥堵传播进行了仿真，提出了瓶颈形成的主要影响因子。

Knoop 等人③（2009）结合实际案例、SP 调查以及模拟等方法，对事件附近的微观交通行为、瓶颈处的车队疏散率、事件对路径选择的影响等方面进行了分析，并根据交通波理论，推算了事件所引起的排队长度和总延误等参数，首次研究了排队后溢至上游路段的情境下的交通状况。

C. Medina④（2010）通过将不同数据源的信息（如交通事件发生时间及事件发生位置）与发生的拥堵匹配起来，以延误值对交通事件引起的偶发性拥堵与常发性拥堵进行区分，得出了偶发性拥堵的时空扩散范围。

C. Furtlehner, Y. Han, J. M. Lasgouttes 等⑤（2010）基于由固定传感器或浮动车数据得出的局部交通指数，提出了一系列基于聚类法或统计分析的方法以提取拥堵发生后大范围道路网络交通的时空特征指数，并将计算结果与基于置信传播算法和马尔可夫随机场的输出结果进行了对比。

通过对交通供给与交通需求的包括交通事件在内的影响因子的变异性之研究，基于一阶交通流理论，R. M. Smid⑥（2012）提出了一种针对缺乏真实交通

---

① Furtlehner C, Lasgouttes J M, de La Fortelle A. A Belief Propagation Approach to Traffic Prediction Using Probe Vehicles [C]. Intelligent Transportation Systems Conference, Seattle, WA, 2007.

② Long J C, Gao Z Y, Ren H L, Lian A P. Urban traffic congestion propagation and bottleneck identification [J]. Science in China Series F: Information Sciences, 2008.

③ Knoop V L. Road Incidents and Network Dynamics Effects on driving behaviour and traffic congestion [D]. TRAIL Thesis Series T2009/13, Delft University of Technology, TRAIL Research School, Delft, the Netherlands, 2009.

④ Medina C. Assessment of Non-Recurrent Congestion on Dutch Motorways [J]. Delft University of Technology, 2010.

⑤ Furtlehner C, Han Y, Lasgouttes J M, et al. Spatial and Temporal Analysis of Traffic States on Large Scale Networks [C]. Presented at 13th International IEEE Conference on Intelligent Transportation Systems (ITSC), Portugal, 2010.

⑥ Smid R M. The Variability of Traffic in Congestion Forecasting [D]. Master Thesis. Delft: Delft University of Technology, 2012.

状态数据的高速公路的拥堵扩散范围的预测模型。

Aude Hoeitner 等[1]（2012）提出了一种算法，使用少量的 GPS 测量车辆数据估计发生交通拥堵后主干道交通状态的空间影响，并使用矩阵因子分解和聚类方法，提供了一个交通模式的网络整体水平分析模式。

姚丽亚等[2]（2005）以交通事件的严重程度为依据，提出了对事发地点通行能力的确定方法，并根据排队长度的变化规律，提出了当事发地点上游交通需求高于事发地点通行能力时，事发路段行程时间的计算方法，并分析研究了交通事件对路网的影响。

胡晓健等[3]（2007）通过 OD 矩阵反推、交通流的重新分配和滚动优化，估算实施交通疏导措施后，该区域内交通流总出行时间的变化情况，并以此作为确定交通意外事件造成的交通影响范围的评判标准，实时寻找合理的交通意外事件影响范围。

高翔[4]（2008）基于固定型检测器设计了 CTM 排队估计模型、基于移动型检测器设计了 FCD 法，来估计城市道路单个路段交通拥挤空间扩散范围。

俞斌等[5]（2008）以交通波理论为基础，对路段和交叉口两种类型的交通事故每一段的交通波速度、排队长度进行了计算，最终确定其影响范围。

陈茜与王炜[6]（2009）将静态多路径交通分配方法与元胞传输模型相结合，并通过仿真算例，研究了大型活动中突发事件发生后路网拥堵的形成及消散的时空变化规律，并对两组不同管控方案下交通流疏散效率进行了对比。

郑黎黎[7]（2009）在充分考虑事件发生期间的交通流量和通行能力、事件持

---

[1] Aude Hoeitner, Ryan Herring, Alexandre Bayen, et al. Large scale estimation of arterial traffic and structural analysis of traffic patterns using probe vehicles [C]. Presented at 91th Annual Meeting of the Transportation Research Board, Washington, D. C., 2012.

[2] 姚丽亚,魏连雨,李春宝.区域路网中交通事件影响范围及诱导分析[J].河北工业大学学报，2005，34(2)：24-27.

[3] 胡晓健,王炜,陆建.道路交通意外事件影响范围确定方法[J].东南大学学报，2007，37(5)：934-939.

[4] 高翔.城市道路交通拥挤扩散估计方法研究[D].长春：吉林大学，2008.

[5] 俞斌,陆建,陶小伢.道路交通事故的影响范围算法[J].城市交通，2008，6(3)：82-86.

[6] 陈茜,王炜.大型活动中突发事件对交通流的时空影响[J].交通运输工程学报，2009，9(3)：81-85.

[7] 郑黎黎,丁同强,范海燕,等.高速公路交通事件影响范围的模糊预测[J].数学的实践与认识，2009，39(1)：72-77.

续时间及车辆到达事件点的时间等参数的模糊特性的基础上,建立了高速公路交通事件排队长度模糊预测模型和延误模糊预测模型。

陈力[1](2011)对采集的多个交通流参数进行了减法聚类及模糊化处理,并建立了自适应-神经模糊推理系统;通过输入交通流实时参数,实时判别城市道路交通拥堵状态。

三、基于交通事件的交通拥堵疏导策略

Roberg[2](1994)构建了一个可在网络中任意位置有效引入交通事件的仿真模型。从拥堵形成的全局过程出发,介绍了一些可供利用的、控制交通拥堵消散的策略。之后,Roberg[3](1995)又利用仿真模型研究分析了在理想网络中以转弯禁限为主的交通事件疏导策略。

Sabso[4](1999)基于交通信息对交通网络功效的影响,提出了在已知交通意外事件发生的条件下如何估算交通意外事件对城市交通网络运行的影响,并利用修正了的静态 UE 均衡模型对可行性疏导策略进行了评价,但却没有考虑用户的动态交通属性。

Lo 等[5](2001)提出了一种基于遗传算法的动态交叉口信号控制优化方法,并以香港某一事故黑点为例,证明其与已有算法相比效果更为显著。

Γ. Logi 与 S. G. Ritchie[6](2001)通过一个实时基于知识的交通拥堵管理系统(TCM)为偶发性拥堵发生后的交通控制计划给予决策支持,并形成具体的交通分流及控制方案。通过仿真对该系统进行了标定并对其改善路网性能的有效性进行了验证。该系统的独特性在于,可以处理多源输入数据及推断知识,

---

[1] 陈力. 城市道路交通拥挤实时判别及其扩散范围估计方法研究[D]. 广州:广东工业大学,2011.

[2] Roberg P. Development and dispersal of area-wide traffic jams[J]. Traffic Engineering & Control, 1994, 35(6):379–386.

[3] Roberg P. A distributed strategy for eliminating incident-based traffic jams from urban networks[J]. Traffic Engineering & Control, 1995, 36(6):348–355.

[4] Sabso B, Milot L. Performability of a Congested Urban Transportation Network when Accident Information is Available[J]. Transportation Science, 1999.

[5] Lo H K, Chang E, Chan Y C. Dynamic network traffic control[J]. Transportation Research Part A, 2001, 35(8):721–744.

[6] Logi F, Ritchie S G. Development and evaluation of a knowledge-based system for traffic congestion management and control[J]. Transportation Researeh Part C, 2001, 9(6):433–459.

并能对其推理过程进行解释。

Al-Madani[①]（2003）通过视频技术对单个交叉口进行真实数据采集，对比了在交通管制与信号控制两种疏导策略下的交叉口的动态车辆延误。

Sheu 等[②]（2003）采用一种离散非线性随机模型拟定了交通事件发生后，车道拥堵条件下的车道状态变量及控制变量，并开发了一种预测动态控制变量的实时控制算法。之后，Sheu 等[③]（2007）又提出了一种基于实时交通事件响应匝道协调控制的随机最优控制方法，并借助微观交通仿真手段对各种模拟事件引起的拥塞情况进行了数值研究，相应的数值结果均表明该方法的可行性。

Hamza-Lup 等[④]（2008）提出了两种疏散算法，并进行了模拟研究以比较它们的性能。这两种算法的智能交通疏散管理系统对事件提供快速高效的响应，自动生成动态疏散计划，并根据事件发生的地点和范围，以安全的方式自动控制交通灯，直接疏散交通。

Long 等[⑤]（2012）介绍了一种由交通事件引起的交通拥堵传播的有效控制策略，并在双向方格网络中仿真验证了该策略的有效性；同时使用交通拥堵传播的空间拓扑结构，探讨了车辆禁行措施的单线控制、多线控制、面控制及菱形控制多种交通控制策略，并就这些策略对交通堵塞和延误的影响进行了分析。

A. R. Güner 等[⑥]（2012）提出 50% 以上的延误都源于由交通事件等原因而引起的偶发性拥堵。因此，针对在非稳态随机网络中的偶发性拥堵，基于交通事件对出行时间的影响之研究，提出了一种针对车辆的动态路径选择的随机动

---

① Al-Madani H M. Dynamic vehicular delay comparison between a Police-controlled roundabout and a traffic signal [J]. Transportation Researeh Part A，2003，37（8）：681–688.

② Sheu J B, Chou Y H, Weng M C. Stochastic system modeling and optimal control of incident-induced traffic congestion [J]. Mathematical and Computer Modelling，2003（38）：533–549.

③ Sheu J B, Chang M S. Stochastic optimal-control approach to automatic incident-responsive coordinated ramp control [J]. IEEE Trans. Intell. Transp. Syst.，2007，8（2）：359–367.

④ Hamza-Lup G L, Hua K A, Le M, Peng R. Dynamic plan generation and real-time management techniques for traffic evacuation [J]. IEEE Trans. Intell. Transp. Syst.，2008，9（4）：615–624.

⑤ Long J C, Gao Z Y, Orenstein P, and Ren H. Control Strategies for Dispersing Incident-Based Traffic Jams in Two-Way Grid Networks [J]. IEEE Transactions on Intelligent Transportation Systems，2012，13（2）：469–481.

⑥ Güner A R, Murat A, Chinnam R B. Dynamic routing under recurrent and non-recurrent congestion using real-time ITS information [J]. Computers & Operations Research，2012，39（2）：358–373.

态规划。

孙莉芬[①]（2005）分析了在发生拥堵的情况下，以可以获取交通拥堵的相关交通特性为前提，分别构建了针对偶发性交通拥堵和常发性交通拥堵的交通拥堵疏导决策框架。

任其亮[②]（2007）以常发性交通拥堵为研究对象，探讨了时空路网交通拥堵预测与疏导决策的理论和方法，并建立了基于交通均衡分布理论的交通拥堵疏导决策框架。

龙建成[③]（2009）依据突发事件下的交通拥堵传播的空间结构，在能够预测到交通拥堵传播态势的情况下，提出了突发事件下交通拥堵消散的控制策略。

付蓬勃[④]（2010）分析了非稳态交通条件下的车辆行为特性，并建立了一种新的元胞自动机交通流模型。运用该模型对入口限流控制、主线限速控制及组合控制三种控制策略的堵塞消散过程进行模拟，通过时空图对比发现组合控制策略具有较优的堵塞消散效果。

尹琨杰[⑤]（2011）结合城市中心区交通瓶颈产生机理，提出了一种基于交通瓶颈识别的交通拥堵疏导策略。

李树彬等[⑥]（2012）运用改进的中观交通流模型，对交通事故下理想格子网络的交通拥堵形成和消散过程进行了模拟。依据交通拥堵传播的空间结构特征，利用转弯禁限与车辆途中更换路径的交通管制和诱导措施，首次提出了"树控制"策略缓解交通拥堵，并通过仿真手段验证了该策略的有效性。

---

① 孙莉芬.城市交通拥挤疏导决策支持系统的研究［D］.武汉：华中科技大学，2005.
② 任其亮.时空路网交通拥堵预测与疏导决策方法研究［D］.成都：西南交通大学，2007.
③ 龙建成.城市道路交通拥堵传播规律及消散控制策略研究［D］.北京：北京交通大学，2009.
④ 付蓬勃,吕永波,林琳,等.高速公路意外事件所致堵塞的消散策略研究［J］.北京理工大学学报，2010，30（9）：1051-1055.
⑤ 尹琨杰.基于动态交通分配的城市中心区交通瓶颈识别与疏导策略研究［D］.哈尔滨：哈尔滨工业大学，2011.
⑥ 李树彬,高自友,吴建军,等.基于事件的交通拥堵模拟与消散策略研究［J］.系统仿真学报，2012，24（8）：1707-1713.

四、城市动态网络交通流分配模型

依据研究方法的不同，动态网络交通流分配模型主要可以划分为以下两种类型：

1. 计算机模拟方法

在动态网络交通流分配模型中，计算机模拟方法可以模拟路网中（尤其是信号控制路网）复杂的动态交通流现象，把握交通流状态及时空的交互作用，从而克服解析数学模型难以解决的问题。

Yagar[①]（1971）首次提出了基于计算机模拟的动态网络配流模型。该模型以用户最优原则为基础，并充分考虑了时变交通需求及排队的形成。

Mahmassani 等[②]（1993）通过对 Greenshields 模型进行修正，得到了新的速度–流量关系，并采用此关系式对个体车辆的运行加以描述，提出了应用于先进道路远程信息处理的动态网络分配仿真模型。Abdelghany 与 Mahmassani[③]（2001）通过增加对公交行为的建模及对路径选择算法的改进，对此模型作了进一步扩展。

Ben-Akiva 等[④]（1994）为了实时评估当前并预测未来的交通条件，提出了一个基于计算机模拟的 DTA 模型——DYNAMIT。该模型由一个需求模型与一个供应模型组成，它们可以使出行在受控时域内达到动态用户平衡。其中，需求模型在同时考虑了历史数据及出行者对提供信息的反馈的基础上，采用卡尔曼滤波算法进行构建；供应模型则是基于需求对交通流量进行计算的。

Ziliaskopoulos 与 Waller[⑤]（2000）开发了一种针对交通分配算法的可视化交互式系统——VISTA。此系统的核心特征主要体现在以下三方面：①驾驶行为

---

① Yagar S. Dynamic traffic assignment by individual path minimization and queuing [J]. Transportation Research, 1971, 5（3）: 179-196.

② Mahmassani H, Peeta S, Hu T Y, etc. Dynamic traffic assignment with multiple user classes for real-time ATIS/ATMS applications [C]. In Large Urban Systems. Proceedings of the Advanced Traffic Management Conference, 1993.

③ Abdelghany K F, Mahmassani H S. Dynamic trip assignment-simulation model for intermodal transportation networks [J]. Journal of the Transportation Research Board, 2001, 1771（1）: 52-60.

④ Ben-Akiva M, Koutsopoulos H N, Mukundan A. A dynamic traffic model system for ATMS/ATIS operations [J]. Journal of Intelligent Transportation Systems, 1994, 2（1）: 1-19.

⑤ Ziliaskopoulos A K, Waller S T. An Internet-based geographic information system that integrates data, models and users for transportation applications [J]. Transportation Research Part C: Emerging Technologies, 2000, 8（1）: 427-444.

由 DTA 模型进行处理；②基于地理信息系统启用空间数据库；③用户可以通过网络访问算法、数据集及结果，并实现查询及编辑网络的工作。另外，此模型是采用元胞传输模型对交通流传播过程进行模拟的。

2. 解析模型方法

用于动态网络交通流分配模型的解析方法，主要有数学规划建模、变分不等式理论建模等方法。

数学规划模型具有分析能力强，易于分析解的收敛性以及分析精度等，因此受到许多专家学者的青睐。Carey 与 Subrahmanian[1]（2000）使用线性规划的方法，采用路段性能函数来描述路段交通流与路段阻抗之间的关系，提出了基于系统最优原则的 DTA 模型。Li 等[2]（2003）针对这种基于线性规划的 SO-DTA 模型提出了一种分解算法，用以解决更多有意义的分级路网的分配问题。Waller 及 Ziliaskopoulos[3]（2006）对确定性线性规划模型进行了扩展，他们通过使用一个机会约束随机规划模型对随机需求进行描述，并为其提供技术解决方案。

基于变分不等式理论构建的 DTA 模型相较于上述模型而言更为简洁，并更易于求解。Lo 与 Szeto[4]（2002）通过采用变分不等式，提出了一种满足理想动态用户最优原则的 DTA 模型，并采用了一种由强制单调变分不等式问题所得的交替方向法对此模型进行求解。Bliemer 与 Bovy[5]（2003）将单用户层次的宏观 DTA 模型扩展为多用户层次的模型；通过考虑不同用户层次之间的相互作用，以及不同时间空间的非对称性，将该问题转化成为一个近似变分不等式问题进行求解。

---

[1] Carey M, Subrahmanian E. An approach to modelling time-varying flows on congested networks[J]. Transportation Research Part B: Methodological, 2000, 34（3）: 157-183.

[2] Li Y, Waller S T, Ziliaskopoulos T. A decomposition scheme for system optimal dynamic traffic assignment models[J]. Networks and Spatial Economics, 2003, 3（4）: 441-455.

[3] Travis Waller S, Ziliaskopoulos A K. A chance-constrained based stochastic dynamic traffic assignment model: Analysis, formulation and solution algorithms[J]. Transportation Research Part C: Emerging Technologies, 2006, 14（6）: 418-427.

[4] Lo H K, Szeto W Y. A cell-based variational inequality formulation of the dynamic user optimal assignment problem[J]. Transportation Research Part B: Methodological 2002, 36（5）: 421-443.

[5] Bliemer M C J, Bovy P H L. Quasi-variational inequality formulation of the multiclass dynamic traffic assignment problem[J]. Transportation Research Part B: Methodological, 2003, 37（6）: 501-519.

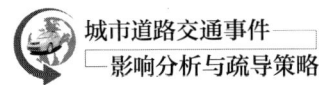

另外，依据交通流分配原则的不同，可将 DTA 模型分为两种类型：动态系统最优模型和动态用户最优模型。这两种模型的主要区别在于目标函数的不同，前者是以达到每个用户的出行费用最少为目的，后者则是以达到整个系统总的出行费用最少为目的。

依据出行者路径出行时间定义的不同，则可将 DTA 模型分为以下两种类型：反应型（瞬时的）DTA 模型及预测型（理想的）DTA 模型。反应型（瞬时的）DTA 模型是指出行者基于当时获取的交通信息（瞬时的出行成本），选择总的瞬时出行成本为最小的路径。预测型（理想的）DTA 模型则是指基于过去一段时间内获取的实际交通信息，选择总的实际出行成本为最小的路径。

第三节　国内外研究成果评述

总结国内外对城市道路交通事件影响分析及疏导策略的研究成果，发现目前还存在以下不足，主要表现为：

（1）在现有的交通事件空间影响研究中，大多数以高速公路为研究对象。由于高速公路与城市道路的路网结构和交通流特性均有较大不同，因此高速公路的事件影响扩散机理并不适用于城市道路交通。在少数以城市道路交通为研究对象的成果中，多以单个路段或单个节点为对象，从微观角度预测其排队长度的变化规律，缺乏对交通事故引发的城市交通拥挤扩散的区域性考虑。

（2）大多数的疏导策略只是从局部控制的角度出发，针对单个路段和节点进行分析，缺乏从系统控制的角度去分析，这常常导致交通拥堵的转移，难以从根本上实现交通拥堵的疏导。国内研究成果主要从宏观层面对交通事件状态下的交通拥堵疏导策略进行论述分析，侧重于整体决策框架的构建，而对于具体的交通疏导方案的研究较少。

（3）现有文献中，大多数动态交通配流模型都是极其复杂的，无论是求解所需的计算时间还是计算容量都非常巨大，这也大大地削弱了其在工程应用上的可操作性和实用性。如果能够提高动态交通配流的时效性，将有助于提高城市交通管理部门对交通事件的应急处置效率,从而在一定程度上缓解由交通事件引起的交通拥堵扩散。

第四节 研究目的及主要内容

一、研究目的

本书依托国家 863 计划课题"大城市区域交通协同联动控制关键技术"中的子课题"面向出行行为的区域交通智能分析与多模态控制技术",开展"城市道路交通事件影响分析及疏导策略研究"。本书的研究目的主要如下:

(1)揭示交通事件影响下的城市道路交通流运行规律;
(2)探究城市路网条件下交通事件的影响扩散机理;
(3)提出由交通事件所引发的交通拥堵的疏导方案。

二、主要研究内容

本书的主要研究内容如下:

1. 构建交通事件影响下的城市道路网络交通流模型

结合交通事件对城市道路交通流的影响,通过对事发路段元胞通行能力、阻塞密度、激波速度等主要交通流参数的变化,元胞长度的可变设计以及事件发生位置对元胞划分方式的影响之研究,对传统的元胞传输模型(CTM)进行改进,构建交通事件影响下基于 CTM 的道路网络交通流模型。

2. 城市道路交通事件影响分析

基于所构建的城市道路网络交通流模型,分别针对普通城市道路及快速路发生交通事件后的交通流特性,构建普通城市道路及快速路交通事件影响范围预测模型,确定事件发生后交通流状态的变化过程,计算不同时刻的路网交通拥堵状态,并利用已有的交通事件数据信息进行参数标定及验证分析。在判定元胞交通流状态的基础上,定义事件影响长度的概念,用以定量表征交通事件的影响范围。结合路段行程时间、平均拥堵延误及平均行程速度构建交通事件影响评价指标体系,通过计算不同时刻的指标值,预测交通事件影响的变化情况,描述交通事件发生后拥堵的增长和消散,分析事发位置、交叉口渠化设计及事件严重程度等因素对事件影响评价指标的影响。在此基础上,将构建模型与已有模型进行对比分析,进一步验证模型的准确性。同时,在交通事件类型、发生时间、清除时间及严重程度均一致的前提下,对城市快速路与普通城市道路的交通事件影响进行仿真分析,并对仿真结果进行对比分析。

3. 面向交通事件的城市道路交通拥堵疏导策略研究

基于所构建的城市道路交通事件影响范围预测模型,将预测所得的事件影响范围划分为三个不同的处置区域:处置区、控制区及预警区,并针对不同的区域特征分别提出不同的疏导目的及对应策略。其中,在普通城市道路的路网条件下,以控制区为研究对象,提出结合蚁群算法及正交试验设计的交通流疏导模型,快速生成交通事件疏导配流方案,从而达到交通运行状况的自动调控和路网交通流均衡的目的。采用仿真分析的手段,对疏导模型采用后对交通拥堵扩散的影响进行分析,验证该模型的有效性。另外,在城市快速路的路网条件下,以具有可变信息标志(VMS)的交通网络为研究背景,以主线控制、交通诱导及匝道控制为主要手段,结合交通事件对快速路网交通流的时空动态影响分析,针对不同的处置区域提出以 VMS 为主导的快速路交通事件疏导策略。结合所选定的路网及实测数据,对疏导策略的可行性进行验证。

第五节 本书结构安排

本书章节安排如图 1-1 所示。

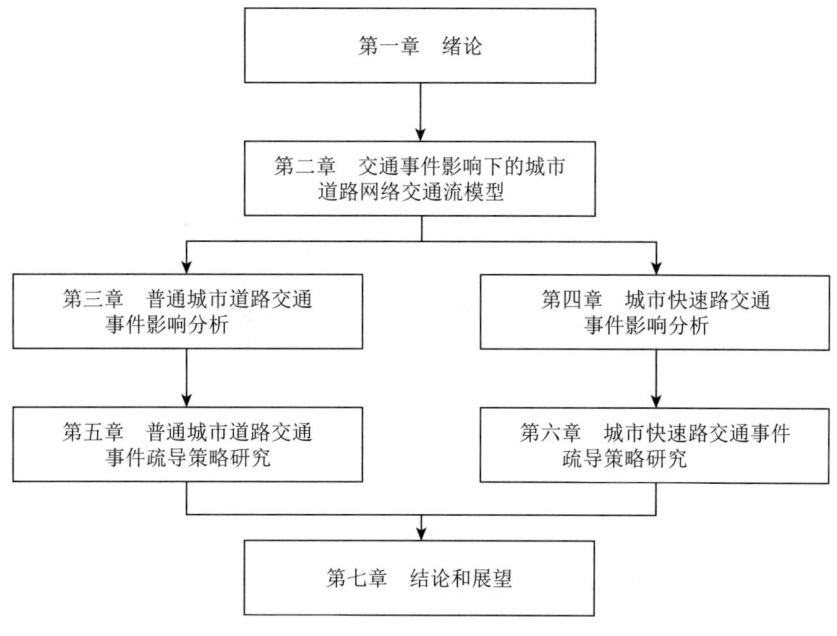

图 1-1 本书章节安排

本章小结

本章首先介绍了本书的研究背景及意义，总结了国内外关于交通事件影响下的交通流模型、路网环境下的交通事件影响范围、基于交通事件的交通拥堵疏导策略以及城市动态网络交通流分配模型的研究进展情况，并进一步分析了现有研究存在的不足。在此基础上提出了本书的研究目的和主要研究内容，并确定了本书的结构安排。

第二章 交通事件影响下的城市道路网络交通流模型

网络交通流模型是分析道路网络交通流运行状态的基础工具，主要用于研究交通流在时间和空间范围的变化规律。它不仅能够反映交通运行的一般特性，而且能够揭示交通流动的基本规律。常用的交通流模型有排队模型、交通波模型、概率模型、元胞自动机模型、车辆跟驰模型、元胞传输模型等。通过对比，本书选择基于元胞传输模型构建交通事件影响下的网络交通流模型。由于传统的元胞传输模型仅仅是通过折减事发路段的通行能力来简单反映交通事件对交通流的影响，所以本书将结合交通事件对元胞划分及多个主要交通流特征参数的影响，对传统的元胞传输模型进行改进。

第一节 元胞传输模型理论概述

元胞传输模型（CTM 模型）是利用有限差分方法对宏观动力学模型（LWR 模型）进行的离散化近似处理，它能够清晰地描述排队的物理效应，可以较好地模拟出激波、排队形成、排队消散以及多路段间的相互影响等交通动力学特性。下面简单描述一下该模型的基本理论。

完整的城市道路网络是由路段集合及包含多个起讫点在内的节点集合所构成的。因此，基于 CTM 的网络交通流模型则由以下相应的两部分组成：路段模型与节点模型。

一、CTM 路段模型

CTM 模型的基本理论为：当交通流量 q 与交通密度 ρ 之间的关系满足图 2-1 所示的基本图时，即可将宏观动力学模型（LWR 模型）离散化近似处理为元胞传输模型（CTM 模型）[1][2]：

$$q = \min\{v\rho, q_M, w(\rho_J - \rho)\}, \quad 0 \leq \rho \leq \rho_J \quad (2.1)$$

式中，v 为自由流速度；w 为激波速度，即发生交通拥挤时车流向上游传播的速度；q_M 为最大流量；q_J 为阻塞密度。

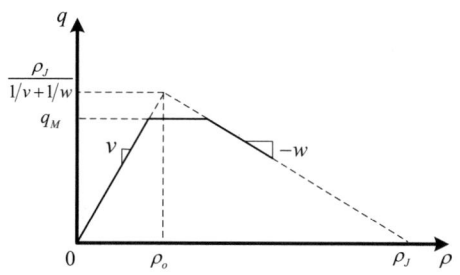

图 2-1 流量 – 密度基本图

该模型将道路均匀划分成多个元胞（如图 2-2 所示），元胞的长度等于自由流在一个时间步长 Δt 内所运行的距离（一般选择 100~1000m）。而 k 时刻的交通系统状态则通过各个元胞中所包含的车辆数 $n_i(k)$ 来描述。于是，以 $n_i(k)$ 为特征参数，可以将 CTM 模型的流量守恒方程表述为：

$$n_i(k+1) = n_i(k) + y_i(k) - y_{i+1}(k) \quad (2.2)$$

其中，$y_i(k)$ 为 $(k, k+1)$ 时段元胞 $i-1$ 流入元胞 i 的车辆数，并可由下式得出：

$$y_i(k) = \min\left\{n_{i-1}(k), Q_i(k), \frac{w}{v}[N_i(k) - n_i(k)]\right\} \quad (2.3)$$

其中，$Q_i(k)$ 为在 $(k, k+1)$ 时段内流入元胞 i 的最大车辆数，$N_i(k)$ 为 k 时刻

---

[1] Daganzo C F. The cell transmission model：A dynamic representation of highway traffic consistent with the hydrodynamic theory [J]．Transportation Research，Part B：Methodological，1994，28（4）：269-287.

[2] Daganzo C F. The cell transmission model，Part II：Network traffic [J]．Transportation Research，Part B：Methodological，1995，29（2）：79-93.

元胞 i 所能承载的最大车辆数。

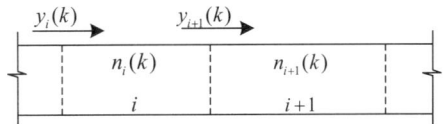

图 2-2　CTM 模型的元胞划分示意图

以上两式共同构成了 CTM 路段模型的基本形式。而路段模型的边界条件则是由起始元胞的允许流入量及末端元胞的允许流出量来确定的。为确定这两个值，可分别在起始元胞之前与末端元胞之后设置一个虚拟元胞，并令其具有无限大的尺寸，从而使得起始元胞传输的流量仅由其允许流入量决定，而末端元胞传输的流量也仅由其允许流出量决定。

二、CTM 节点模型

依据节点处元胞间的不同连接形式，可将 CTM 节点模型分成三种类型：普通节点模型、合流节点模型、分流节点模型。

1. 普通节点模型

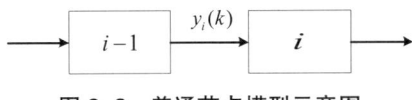

图 2-3　普通节点模型示意图

若两个相邻元胞是如图 2-3 所示的简单连接，则 $(k, k+1)$ 时段驶入元胞 i 的车辆数：

$$y_i(k) = \min\left[S_{i-1}(k), R_i(k)\right] \quad （2.4）$$

其中，$S_{i-1}(k)$ 为 $(k, k+1)$ 时段元胞 $i-1$ 在自由流状态下所能提供的最大流量，也称为发送函数，可描述如下：

$$S_{i-1}(k) = \min\left[n_{i-1}(k), Q_{i-1}\right] \quad （2.5）$$

$R_i(k)$ 为 $(k, k+1)$ 时段元胞 i 在拥挤流状态下所能接收的最大流量，也称为接收函数，可描述如下：

$$R_i(k) = \min\left\{Q_i, \frac{w_i}{v_i}[N_i(k) - n_i(k)]\right\} \quad (2.6)$$

2. 合流节点模型

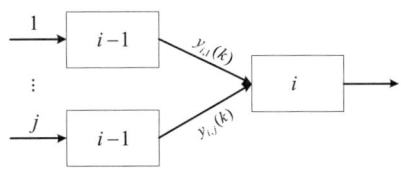

图 2-4 合流节点模型示意图

若两个相邻元胞的连接方式如图 2-4 所示,可分为以下三种情况进行分析。

第一种情况:下游元胞可接收上游元胞能提供的所有流量,即 $\sum_j S_{i-1,j}(k) \leqslant R_i(k)$ [假设 $S_{i-1,j}(k)$ 为 $(k, k+1)$ 时段路径 j 的元胞 $i-1$ 所能提供的最大流量],则 $(k, k+1)$ 时段驶入元胞 i 的所有流量:

$$y_{i,in}(k) = \sum_j S_{i-1,j}(k) \quad (2.7)$$

第二种情况:各路径均无优先权,遵照先进先出原则(First In First Out),且下游元胞的车流可接收量低于上游元胞的提供量,即 $\sum_j S_{i-1,j}(k) > R_i(k)$,则 $(k, k+1)$ 时段由路径 j 的元胞 $i-1$ 驶入元胞 i 的流量:

$$y_{i,j}(k) = \min\left\{S_{i-1,j}(k), p_{i-1,j}(k) \cdot R_i(k)\right\} \quad (2.8)$$

其中,$p_{i-1,j}(k)$ 为 $(k, k+1)$ 时段由路径 j 的元胞 $i-1$ 驶入元胞 i 的流量占所有驶入元胞 i 的流量的比例,且 $\sum_j p_{i-1,j}(k) = 1$。

则 $(k, k+1)$ 时段驶入元胞 i 的所有流量:

$$y_{i,in}(k) = \sum_j y_{i,j}(k) \quad (2.9)$$

第三种情况:$\sum_j S_{i-1,j}(k) > R_i(k)$,且各条路径的车辆依据优先权的次序驶入,则有:

$$y_{i,j}(k) = \min\left\{S_{i-1,j}(k), R_i(k) - \sum_{j^o} S_{i-1}^{j^o}(k)\right\} \quad (2.10)$$

其中，$S_{i-1}^{j^o}(k)$ 为 $(k, k+1)$ 时段优先于路径 j 的其他路径从元胞 $i-1$ 驶出的最大流量。

3. 分流节点模型

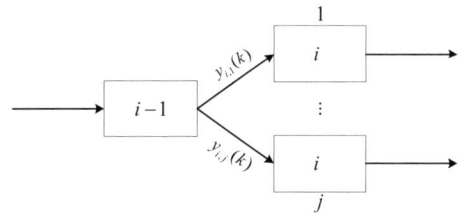

图 2-5　分流节点模型示意图

若两个相邻元胞的连接方式如图 2-5 所示，则 $(k, k+1)$ 时段由元胞 $i-1$ 驶入路径 j 的元胞 i 的流量 $y_{i,j}(k)$ 由分流于路径 j 的比例 $p_i^j(k)$ 来决定，即：

$$y_{i,j}(k) = p_i^j(k) \cdot y_{i-1,out}(k) \quad (2.11)$$

其中，$y_{i-1,out}(k)$ 为 $(k, k+1)$ 时段驶出元胞 $i-1$ 的所有流量，并可描述如下：

$$y_{i-1,out}(k) = \min\left\{S_{i-1}(k), \min[R_{i,1}(k)/p_i^1(k), \cdots, R_{i,j}(k)/p_i^j(k)]\right\} \quad (2.12)$$

其中，$R_{i,j}(k)$ 为 $(k, k+1)$ 时段路径 j 的元胞 i 所能承载的最大流量，且应满足 $R_{i,j}(k) \geq p_i^j(k) \cdot y_{i-1,out}(k)$。

第二节　元胞传输模型应用概述

CTM 模型自 Daganzo 于 1994 年首次提出以来，在交通领域的理论研究及工程实践方面均得到了广泛的应用。与排队论理论、交通波理论、元胞自动机等常用的交通流模型相比，CTM 模型在动态交通网络设计及动态交通分配等方面具有计算效率高、所需标定参数少等优势，并可有效地模拟不同道路条件下的交通流传播。通过归纳得出，该模型主要应用在以下几个方面：

一、动态交通网络设计

  Waller 等[1][2]（2001，2006）通过采用 CTM 模型模拟交通流的传播过程，在遵循系统最优交通分配原则的情况下，研究了已知概率分布的时变交通需求下的连续网络设计问题，并建立了基于机会约束和双阶段线性规划的网络设计模型。Lin 等[3]（2011）提出了一种基于沃尔夫分解原理的解决 NP-hard 双层网络设计问题的启发法。该启发法需迭代求解两个问题：其中，上层问题通过 CPLEX 求解预算线性规划问题来确定预算分配；下层问题通过构建一个修正的 CTM 模型来解决用户最优动态交通分配问题。Ukkusuri 与 Waller[4]（2008）构建了一个满足动态用户平衡条件，针对单讫点问题的网络设计模型。该模型通过采用 CTM 模型，能够体现交通流的冲击波及排队后溢的问题。Kalafatas 与 Peeta[5]（2009）针对疏散规划策略，通过结合 CTM 模型，基于逆流策略和增加车道这两种扩充网络容量的方式，提出了一个预算约束下增加网络容量的有效模型，从而提升在安全威胁下的疏散性能。Do 等[6]（2011）介绍了一种基于交通动态及不确定性需求的网络设计问题的鲁棒性优化方法。此方法采用 CTM 模型构建网络设计中的线性规划模型，并运用不确定集表征交通需求的不确定性，从而达到网络优化的目的。

---

[1] Waller S T, Ziliaskopoulos A K. Stochastic dynamic network design problem [J]. Transportation Research Record: Journal of the Transportation Research Board, 2001, 1771（1）: 106–113.

[2] Waller S T, Mouskos K C, Kamaryiannis D, et al. A linear model for the continuous network design problem [J]. Computer Aided Civil and Infrastructure Engineering, 2006, 21（5）: 334–345.

[3] Lin D Y, Karoonsoontawong A, Waller S T. A Dantzig-Wolfe decomposition based heuristic scheme for bi-level dynamic network design problem [J]. Networks and Spatial Economics, 2011, 11（1）: 101–126.

[4] Ukkusuri S V, Waller S T. Linear programming models for the user and system optimal dynamic network design problem: formulations, comparisons and extensions [J]. Networks and Spatial Economics, 2008, 8（4）: 383–406.

[5] Kalafatas G, Peeta S. Planning for evacuation: insights from an efficient network design model [J]. Journal of infrastructure systems, 2009, 15（1）: 21–30.

[6] Do Chung B, Yao T, Xie C, et al. Robust optimization model for a dynamic network design problem under demand uncertainty [J]. Networks and Spatial Economics, 2011, 11（2）: 371–389.

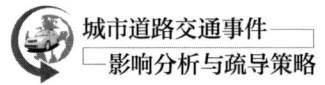

二、动态交通分配

Lo 与 Szeto[1]（2002）提出了一种理想动态用户最优（DUO）原则下基于元胞的动态交通分配模型。该模型嵌入了 CTM 的网络模型，以提高动态交通建模的准确度。Szeto[2]（2008）通过发送函数和接收函数中引入一个新的变量条件，对迟滞 CTM 模型中出现的密度值失真的问题进行了改进，经验证该方法能够更好地应用于动态交通分配的线上、线下作业。Nie[3]（2011）针对系统最优动态交通分配问题（SO-DTA）提出了一个基于元胞变量的 Merchant-Nemhauser 模型。该模型通过增加额外的约束条件以获取元胞之间的相互作用，通过嵌入一个松弛 CTM 的线性规划模型来模拟交通流的传播。Han[4]（2011）基于嵌入式 CTM 模型及互补理论，研究了在具有单一起讫点、多条并行通道及弹性需求多用户的网络条件下的动态用户均衡问题。Szeto 与 Jiang[5]（2011）采用基于蒙特卡洛法的随机元胞传输模型获取了车辆的排队状态，提出了一种考虑交通状态的随机变化的、基于元胞的多级动态交通分配模型。Doan 与 Ukkusuri[6]（2012）通过解决 CTM 中的交通滞留问题，提出了一种基于多个 OD 对交通网络的系统优化动态交通分配模型。经验证，该模型可以完全消除滞留问题的影响。

三、交通流动态模拟

Muñoz 等[7]（2003）采用源于 CTM 模型的模式转换模型（SMM）对一条

---

[1] Lo H K, Szeto W Y. A cell-based dynamic traffic assignment model: formulation and properties [J]. Mathematical and Computer Modelling, 2002, 35（7）: 849-865.

[2] Szeto W Y. Enhanced lagged cell-transmission model for dynamic traffic assignment [J]. Transportation Research Record: Journal of the Transportation Research Board, 2008, 2085（1）: 76-85.

[3] Nie Y M. A cell-based Merchant-Nemhauser model for the system optimum dynamic traffic assignment problem [J]. Transportation Research Part B: Methodological, 2011, 45（2）: 329-342.

[4] Han L, Ukkusuri S, Doan K. Complementarity formulations for the cell transmission model based dynamic user equilibrium with departure time choice, elastic demand and user heterogeneity [J]. Transportation Research Part B: Methodological, 2011, 45（10）: 1749-1767.

[5] Szeto W Y, Jiang Y, Sumalee A. A Cell-Based Model for Multi-Class Doubly Stochastic Dynamic Traffic Assignment [J]. Computer Aided Civil and Infrastructure Engineering, 2011, 26（8）: 595-611.

[6] Doan K, Ukkusuri S V. On the holding-back problem in the cell transmission based dynamic traffic assignment models [J]. Transportation Research Part B: Methodological, 2012, 46（9）: 1218-1238.

[7] Muñoz L, Sun X, Horowitz R, et al. Traffic density estimation with the cell transmission model [C]. American Control Conference, 2003. Proceedings of the 2003. IEEE, 2003（5）: 3750-3755.

高速公路无监控位置的交通密度值进行了估计，并将其结果与 CTM 的估计结果进行了对比分析。Ishak 等[①]（2006）在元胞长度、元胞内的车辆活动等方面对 CTM 进行了改进，使其更适用于大范围的交通网络的动态分析。Szeto 等[②]（2009）将基于经验值的周期性自回归移动平均法与 CTM 相结合，提出了一种短期的多变量交通流时空状态预测方法。经验证，此预测模型的偏差最多只有 10%。Long 等[③]（2011）采用 CTM 对微观层面的交通拥堵的形成与消散进行了模拟。仿真结果表明，减少渠化区长度和依据各流向的需求分配停车线宽度，可以有效地缓解交通拥堵的扩散。Sumalee 等[④]（2011）基于 CTM 构建了一个一阶宏观随机模型（SCTM）。该模型由五种对应于高速公路不同拥堵层次的动态模式组成，可估算得出交通流密度的平均值及标准差，从而达到交通状态监测的目的。

四、信号控制优化

Zhang 等[⑤]（2010）基于 CTM 构建了一个优化主干道信号预配时的随机规划模型，并通过设置一组需求情境及其对应的出现概率以体现交通需求的不确定性。Karoonsoontawong 与 Waller[⑥]（2010）采用 CTM 模拟交通流的传播，通过引入一个适当的鲁棒性指标并基于不确定的长期 OD 需求，提出了一个鲁棒

---

① Ishak S, Alecsandru C, Seedah D. Improvement and evaluation of cell-transmission model for operational analysis of traffic networks: freeway case study [J]. Transportation Research Record: Journal of the Transportation Research Board, 2006, 1965（1）: 171-182.

② Szeto W Y, Ghosh B, Basu B, et al. Multivariate traffic forecasting technique using cell transmission model and SARIMA model [J]. Journal of Transportation Engineering, 2009, 135（9）: 658-667.

③ Long J, Gao Z, Zhao X, et al. Urban traffic jam simulation based on the cell transmission model [J]. Networks and Spatial Economics, 2011, 11（1）: 43-64.

④ Sumalee A, Zhong R X, Pan T L, et al. Stochastic cell transmission model (SCTM): a stochastic dynamic traffic model for traffic state surveillance and assignment [J]. Transportation Research Part B: Methodological, 2011, 45（3）: 507-533.

⑤ Zhang L, Yin Y, Lou Y. Robust signal timing for arterials under day-to-day demand variations [J]. Transportation Research Record: Journal of the Transportation Research Board, 2010, 2192（1）: 156-166.

⑥ Karoonsoontawong A, Waller S T. Integrated network capacity expansion and traffic signal optimization problem: robust bi-level dynamic formulation [J]. Networks and Spatial Economics, 2010, 10（4）: 525-550.

优化模型，以解决交通信号优化的问题。Ukkusuri 等[1]（2010）通过嵌入 CTM 模型，提出了一个鲁棒性交通信号优化控制模型，在实现多种交通状态的同时满足信号设计未来短期内的系统性能。Li[2]（2010）基于左转及直行车流的排队后溢之间的相互干扰对原始 CTM 进行了改进，并提出了一个主干道信号优化模型。该模型能体现过饱和状态下交叉口处排队阻塞的情况。

五、其他应用

Liu 等[3]（2006）提出了一个在紧急事件情况下用于分阶段疏散规划的基于 CTM 的网络优化模型。该模型基于事件的影响及疏散人员的到达类型，可以获取分阶段疏散实施过程的关键指标值，如最佳启动时间、疏散路径等。尚华艳等[4]（2008）提出了一种新的基于 CTM 的路径行驶时间计算方法，并使用 LOGIT 原则计算路径选择概率，针对重复性拥挤和非重复性拥挤两种交通状况，分析了可变信息标志（VMS）对交通流的影响。Ng 等[5]（2009）基于对交通流的动态变化及长期规划的研究，结合 CTM 与遗传算法构建了一个针对定期基础设施维护的混合整数双层模型，从而降低长期维护成本及总出行时间。

第三节 交通事件下的改进型元胞传输模型

综合分析 CTM 模型的基本理论模型及应用，发现 CTM 模型主要存在以下两点不足：第一，实际中，事发路段与其他路段的交通流特征相差较大，但是

---

[1] Ukkusuri S V, Ramadurai G, Patil G. A robust transportation signal control problem accounting for traffic dynamics [J]. Computers & Operations Research, 2010, 37（5）: 869-879.

[2] Li Z. Modeling arterial signal optimization with enhanced cell transmission formulations [J]. Journal of Transportation Engineering, 2010, 137（7）: 445-454.

[3] Liu Y, Lai X, Chang G L. Cell-based network optimization model for staged evacuation planning under emergencies [J]. Transportation Research Record: Journal of the Transportation Research Board, 2006, 1964（1）: 127-135.

[4] 尚华艳，黄海军，高自有. 基于元胞传输模型的实时交通信息设计 [J]. 北京航空航天大学学报, 2008, 34（2）: 234-238.

[5] Ng M W, Lin D Y, Waller S T. Optimal Long-term Infrastructure Maintenance Planning Accounting for Traffic Dynamics [J]. Computer Aided Civil and Infrastructure Engineering, 2009, 24（7）: 459-469.

在CTM模型中并未考虑到交通事件对交通流特征的具体影响；第二，CTM模型中的各个元胞长度均相等，这样既不适用于条件多变的城市道路环境，也无法有效地将交通流特征差异较大的事发路段与正常运行路段区分开来。针对以上这些CTM模型的局限性，本书对其进行扩展与改进，构建交通事件下的改进型元胞传输模型（ECTM模型）。

一、元胞长度的可变设计

由于事发路段与其他路段的交通流特征差异较大，因此若能有效地将其分隔开，使其分属于不同的元胞，就能更加准确地描述出交通事件对道路交通的影响。为了实现此目的，模型首先应满足一个前提条件，即元胞长度的可变设计。然而，传统的CTM模型是以元胞可容纳的车辆数 $n_i(k)$ 作为单一的状态变量，因此为满足元胞的流量守恒关系（如式2.2所示），必须将元胞均匀划分，使其元胞长度均保持一致。由此可见，基于元胞长度的可变设计，是达成基于交通事件的模型改进的首要步骤。

为了达到此目的，本书选择以交通流密度作为状态变量，计算各时段元胞的驶入流量和驶出流量[1][2]，进而得到时段内各元胞的车流密度，通过对密度值的判断，以确定元胞内的车流状态。具体方法如下：

依据道路几何线形等道路条件将路段划分为若干元胞，如图2-6所示。以元胞内的交通流密度作为状态参数，交通守恒模型可描述如下：

$$\rho_i(k+1) = \rho_i(k) + \frac{\Delta t}{l_i}\left[q_{i,in}(k) - q_{i,out}(k)\right] \quad (2.13)$$

其中，$\rho_i(k)$ 表示第 k 时段元胞 i 的车流密度；l_i 表示元胞 i 的长度，为避免出现元胞内车辆为负或车流密度大于堵塞密度的情况，元胞长度应不小于 Δt 内车流自由走行的距离；$q_{i,in}(k)$ 与 $q_{i,out}(k)$ 则分别指 $(k, k+1)$ 时段内单位时间所有进入与离开元胞 i 的车辆数。

另外，由于此模型同样满足图2-1所示的基本图，元胞 i 的交通流状态则

---

[1] Muñoz L，Sun X，Sun D，et al. Methodological Calibration of the Cell Transmission Model［C］. Proceedings of American Control Conference，Boston：MA，2004：798–803.

[2] Muñoz L，Sun X，Horowitz R，et al. A Piecewise-Linearized Cell Transmission Model and Parameter Calibration Methodology［J］. Journal of the Transportation Research Record，2006：183–191.

可由元胞密度 ρ_i 与临界密度 ρ_{io} 及阻塞密度 ρ_{iJ} 进行对比判定得出：

若 $\rho_i < \rho_{io}$，则元胞 i 处于自由流状态；若 $\rho_{io} \leq \rho_i \leq 0.5\rho_{iJ}$，则元胞 i 处于轻度拥堵状态，此状态下的交通流运行效率会受到轻度影响；若 $0.5\rho_{iJ} \leq \rho_i < 0.7\rho_{iJ}$，则元胞 i 处于中度拥堵状态，此状态下的交通流运行效率会受到较大影响；若 $0.7\rho_{iJ} \leq \rho_i < \rho_{iJ}$，则元胞 i 处于重度拥堵状态，此状态下的交通流运行效率会受到显著影响，并易出现非完全阻塞状态下的排队现象；若 $\rho_i \geq \rho_{iJ}$，则元胞 i 处于阻塞排队状态。

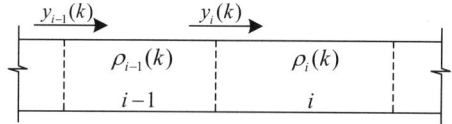

图 2-6　元胞划分示意图

此时，此模型的路段模型的一般表达式描述如下：

第 k 时段驶入元胞 i 的车辆数可表示为：

$$y_i(k) = q_i(k)\Delta t = \min[S_{i-1}(k), R_i(k)] \quad (2.14)$$

式中，$q_i(k)$ 为第 k 时段元胞 i 的流入率，第 k 时段元胞 i–1 的发送函数 $S_{i-1}(k)$ 及第 k 时段元胞 i 的接受函数 $R_i(k)$ 表示如下：

$$S_{i-1}(k) = \min[v_{i-1}\rho_{i-1}(k)\Delta t, Q_{i-1}] \quad (2.15)$$

$$R_i(k) = \min\{Q_i, w_i[\rho_{iJ} - \rho_i(k)]\Delta t\} \quad (2.16)$$

此模型的节点模型与 CTM 的节点模型类似，同样也分为普通连接、合流连接、分流连接三种形式，具体计算公式如式 2.4 至式 2.12 所示。其中，第 k 时段驶入元胞 i 的所有车辆数可表示为：

$$y_{i,in}(k) = q_{i,in}(k)\Delta t \quad (2.17)$$

第 k 时段驶出元胞 i–1 的所有车辆数则可表示为：

$$y_{i,out}(k) = q_{i,out}(k)\Delta t \quad (2.18)$$

二、交通事件对主要特征参数的影响

在传统的 CTM 模型中，交通事件对交通流的影响主要通过折减事发路段所在元胞的通行能力来反映，其折减系数则仅取决于事件影响下的阻塞车道数。然而，除了通行能力以外，事发元胞的其他主要交通流特征参数也会发生不可忽视的变化。因此，为了更加充分、真实地反映事发后元胞的交通流状态，本节将考虑包括通行能力、阻塞密度、临界密度及激波速度在内的多个主要特征参数的变化情况。另外，为了提高模型的准确性，本节将以实际采集的交通事件下的检测器数据为依据，对事发后的主要特征参数进行标定。

在所有受影响的交通流特征参数中，元胞通行能力是最能体现交通事件对交通流影响的参数。理论通行能力的降低可以通过交通事件导致的阻塞车道数计算得出，然而实际通行能力的降低却并非直接由阻塞车道数来决定的，它还受阻塞车道所处位置、阻塞车道车速、大型车比例、发生阻塞时驾驶人的观望情绪等因素的影响。早在20世纪70年代，Goolsby[1]便提出当交通事件造成三车道路段中的一条车道阻塞时，实际通行能力将降低50%；当造成其中的两条车道阻塞时，实际通行能力将降低79%。而Qin和Smith[2]采用美国弗吉尼亚州某条道路的实际采集数据，分析得出三车道路段中的一条车道或两条车道阻塞时，实际通行能力的降低比例达到63%和77%。

如上文所述，实际通行能力损失的比例显然超出交通事件影响下的阻塞车道数所占比例。因此，仅以阻塞车道数作为通行能力折减的依据是不够准确的。为了提高模型的准确性，本书将依据实际采集的交通事件下的检测器数据对交通事件影响下的元胞通行能力Q'_i进行标定。具体方法如下：

以图2-6为例，假设在元胞$i-1$与元胞i之间发生一起交通事件，导致上游元胞发生拥堵，而下游元胞仍处于自由流状态。此时，假定第k时段进入元胞$i-1$的流量为$w_i\left[\rho_{J,i-1} - \rho_{i-1}(k)\right]\Delta t$，进入元胞$i$的总流量为$Q'_i$（元胞$i$折减后的通行能力），离开元胞$i$的总流量为$v_i\rho_i(k)$，而且从其他路径驶入元胞$i$的流量$y_{i,r}(k)$均小于元胞$i$所能容纳的最大流量$R_i(k)$。结合式2.13，可将元胞$i-1$与元胞$i$的密度表达式分别描述如下：

---

[1] Goolsby, M E. Influence of Incidents on Freeway Quality of Service [C]. Presented at 50th TRB Annual Meeting, Washington, D.C., 1971.

[2] Qin L, Smith B L. Characterization of Accident Capacity Reduction [M]. Report No. UVACTS-15-0-48. University of Virginia, Center for Transportation Studies, Charlottesville, VA, 2001.

$$\rho_{i-1}(k+1) = \rho_{i-1}(k) + \frac{\Delta t}{l_{i-1}}\{w_{i-1}[\rho_{J,i-1} - \rho_{i-1}(k)] - [Q_i' - y_{i,r}(k)]\} \quad (2.19)$$

$$\rho_i(k+1) = \rho_i(k) + \frac{\Delta t}{l_i}[Q_i' - v_i\rho_i(k)] \quad (2.20)$$

其中，进入元胞 i 的总流量 $Q_i' = y_i(k) + y_{i,r}(k)$，其中 $y_i(k)$ 为第 k 时段从当前路径元胞 i-1 进入元胞 i 的流量，$y_{i,r}(k)$ 为第 k 时段从其他路径进入元胞 i 的流量。采用已有的 $y_i(k)$ 与 $y_{i,r}(k)$ 的实测值，可以通过下式对事发后的路段通行能力 Q_i' 进行标定：

$$Q_i' = \text{mean}_{k \in K_M}[y_i(k) + y_{i,r}(k)] \quad (2.21)$$

式中，K_M 是指交通事件发生后至 $\arg\max[y_i(k) + y_{i,r}(k)]$ 的这段时间集合。其中，$\arg\max[y_i(k) + y_{i,r}(k)]$ 是指函数 $y_i(k) + y_{i,r}(k)$ 达到最大值时所对应的时刻。

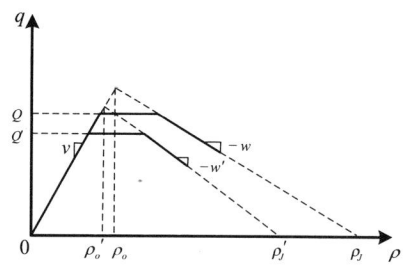

图 2-7 受交通事件影响的流量 – 密度图

另外，由图 2-7 中所示的基本图变化可知，随着交通事件的发生，除了通行能力之外，事发路段所在元胞的阻塞密度、临界密度、激波速度均会有一定程度的折减，由原本的 ρ_J, ρ_o, w 折减为 ρ_J', ρ_o', w'。具体标定方法如下：

首先，结合检测器实测的流量数据，通过下式确定元胞 i 折减后的临界密度值：

$$\rho_{io}' = \frac{\max_k[q_i(k)]}{v_i} \quad (2.22)$$

式中，$q_i(k)$ 为元胞 j 在 $(k, k+1)$ 时段的实测流量。

然后，通过研究流量与密度之间的关系，采用约束最小二乘法对折减后的激波速度 w'_i 及阻塞密度 ρ'_{iJ} 这两个参数进行标定。由于在此标定过程中只需使用拥堵状态下的流量－密度数据组，因此将密度超过临界值 $[\rho_i(k) > \rho'_{io}]$ 的数据组全部筛选出来作标定之用，并令其对应的 k 值构成时间集 K_N，且 $K_N = \{k_1, \cdots, k_n\}$。同时，依据最小二乘法，令 $[w'_i \quad w'_i\rho'_{iJ}]^T$ 作为下式的解：

$$X_i[w'_i \quad w'_i\rho'_{iJ}]^T = Y_i \qquad (2.23)$$

式中，$X_i^T = \begin{bmatrix} -\rho_i(k_1) & \cdots & -\rho_i(k_N) \\ 1 & \cdots & 1 \end{bmatrix}$，$Y_i = \begin{bmatrix} q_i(k_1) + \dfrac{l_i}{\Delta t}[\rho_i(k_1+1) - \rho_i(k_1)] \\ \vdots \\ q_i(k_n) + \dfrac{l_i}{\Delta t}\Delta\rho_i[\rho_i(k_n+1) - \rho_i(k_n)] \end{bmatrix}$。

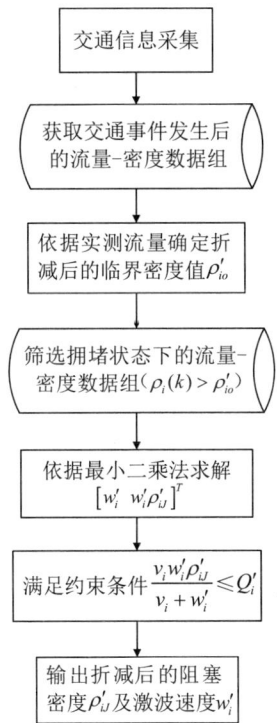

图 2-8 交通事件影响下的交通流特征参数标定流程图

上式中的 Y_i 与 X_i 两个变量应呈线性关系，且应避免元胞 i 的最大可能流量高于该元胞折减后的通行能力 Q'_i，即应受限于约束条件：

$$\frac{v_i w'_i \rho'_{i,J}}{v_i + w'_i} \leq Q'_i \quad (2.24)$$

依据上文描述，绘制的交通事件影响下阻塞密度、临界密度及激波速度的标定流程图如图 2-8 所示。

三、基于事件位置的元胞划分

依据本节第一部分所述，为了能够更加真实地反映路段的交通流状况，可将条件参差不齐的城市道路划分为多个长短不一的元胞。在此基础上，为了方便分析交通事件对交通流的影响，应将交通流特征差异较大的事发路段与正常运行路段区分开来分析，即将下游的正常运行路段与上游的事件影响路段区别开，令这两部分路段分属于不同的元胞，并使事件发生位置始终处于元胞的边界处。根据交通事件发生的不同位置，将元胞的划分方式调整如下：

（1）当事件发生位置恰好处于初始设置的元胞边界处时，此时初始的元胞划分无须发生改变。

（2）如图 2-9 所示，当事件发生位置处于初始设置的元胞 i 中间处，且元胞 i 上游的事件影响段长度 $l'_i < v_i \Delta t$ 时，则将这部分路段与上游元胞 $i-1$ 重组为一个新的元胞 $i-1$；同时，若原元胞 i 下游的正常运行路段长度 $l''_i < v_i \Delta t$ 时，可将这部分路段与原下游元胞 $i+1$ 重组为一个新的元胞 i。此时，第 k 时段元胞 $i-1$ 的发送函数 $S_{i-1}(k)$ 及接受函数 $R_{i-1}(k)$ 可表示如下：

$$S_{i-1}(k) = \min\left[v_{i-1}' \rho_{i-1}'(k) \Delta t, Q'_{i-1} \right] \quad (2.25)$$

$$R_{i-1}(k) = \min\left\{ Q'_{i-1}, w_{i-1}' \left[\rho_J' - \rho_{i-1}'(k) \Delta t \right] \right\} \quad (2.26)$$

而由于第 k 时段元胞 i 处于正常运行状态下，因此其发送函数 $S_i(k)$ 及接受函数 $R_i(k)$ 的表示式应与式 2.15 及式 2.16 所述的基本式一致。

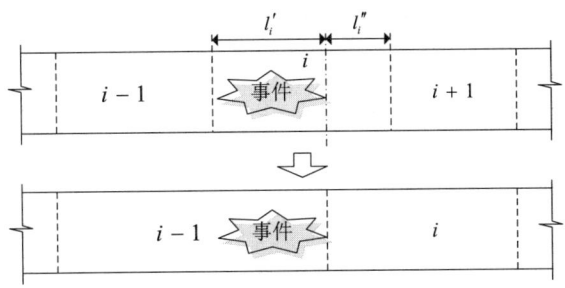

图 2-9　元胞重组设置 I

（3）如图 2-10 所示，当事件发生位置处于初始设置的元胞 i 中间处，且元胞 i 上游的事件影响段长度 $l'_i \geq v'_i \Delta t$ 时，则将这部分路段单独设置为一个新的元胞 i；同时，若原元胞 i 下游的正常运行路段长度 $l''_i < v_i \Delta t$ 时，可将这部分路段与下游元胞 $i+1$ 重组为一个新的元胞 $i+1$。此时，k 时段元胞 i 的发送函数 $S_i(k)$ 及接受函数 $R_i(k)$ 可表示如下：

$$S_i(k) = \min \left[v'_i \rho'_i(k) \Delta t, \lambda_i Q_i \right] \quad (2.27)$$

$$R_i(k) = \min \left\{ \lambda_i Q_i, w'_i \left[\rho'_J - \rho'_i(k) \Delta t \right] \right\} \quad (2.28)$$

第 k 时段元胞 $i+1$ 的发送函数 $S_{i+1}(k)$ 及接受函数 $R_{i+1}(k)$ 的表示式也与路段模型中所述的基本式一致。

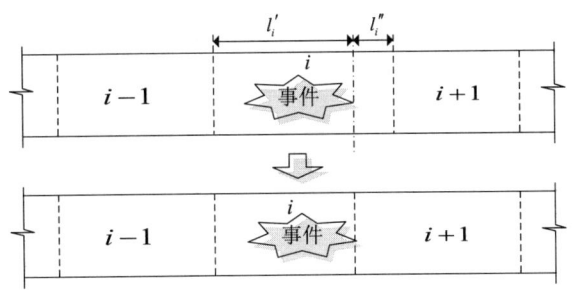

图 2-10　元胞重组设置 II

（4）如图 2-11 所示，当事件发生位置处于初始设置的元胞 i 中间处，且元胞 i 上游的事件影响段长度 $l'_i < v_i \Delta t$ 时，则将这部分路段与上游元胞 $i-1$ 重组为一个新的元胞 $i-1$。此时，k 时段元胞 $i-1$ 发送函数 $S_{i-1}(k)$ 及接受函数 $R_{i-1}(k)$

的表示式与式 2.25 及式 2.26 相同；同时，若原元胞 i 下游的正常运行路段长度 $l''_i \geq v_i \Delta t$ 时，可将这部分路段单独设置为一个新的元胞 i，其发送函数及接受函数的表示式与式 2.15 及式 2.16 所述的基本式一致。

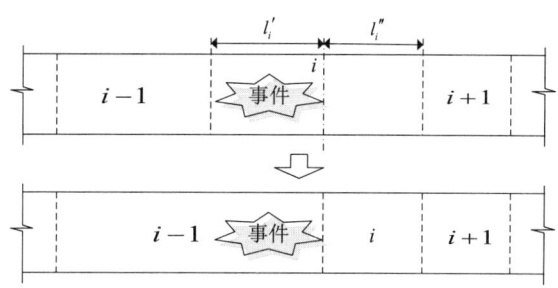

图 2-11　元胞重组设置Ⅲ

（5）如图 2-12 所示，当事件发生位置处于初始设置的元胞 i 中间处，且元胞 i 上游的事件影响段长度与下游的正常运行路段长度均不小于车流自由走行的距离 $v_i \Delta t$ 时，可将这两部分路段分别设置为两个新的元胞。其中，新元胞 i 的发送函数及接受函数的表示式与式 2.27 及式 2.28 相同，而新元胞 $i+1$ 的表示式则与路段模型中所述的基本式一致。

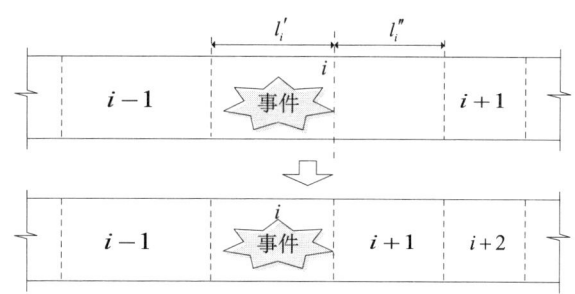

图 2-12　元胞重组设置Ⅳ

本章小结

本章介绍了元胞传输模型的基本理论模型及该模型的应用概况，并基于交通事件的影响对模型进行了改进，为后续的具体分析提供了理论上的基础支持。本章的主要研究工作包括：

（1）元胞传输模型具有计算效率高、所需标定参数少等优势，使其得以广泛地应用在动态交通网络设计、动态交通分配、交通流动态模拟、信号控制优化等方面。

（2）介绍了基于元胞传输模型的网络交通流模型，主要包括两部分：节点模型与路段模型。其中，节点模型通过普通节点模型、合流节点模型及分流节点模型三种形式描述路段之间不同的连接方式，路段模型则通过定义元胞间流量的传输方式来描述路段的交通流运行状况。

（3）基于元胞长度的可变设计，交通事件发生后主要特征参数的变化以及事件发生位置对元胞划分方式的影响，对传统的元胞传输模型进行了改进，构建了交通事件影响下基于CTM的网络交通流模型（ECTM模型）。其中，选择交通流密度作为状态变量，并以此判定元胞的交通流状态，突破了CTM模型中元胞长度统一化的限制；以实测数据为依据，对事发路段元胞通行能力、阻塞密度、激波速度等主要交通流参数进行标定，提高了模型的准确性；根据交通事件发生的不同位置，调整了元胞的划分方式，对特征差异较大的事发路段与正常运行路段进行区别分析，并确定了不同情况下元胞的发送函数及接受函数。

第三章 普通城市道路交通事件影响分析

根据城市道路的功能差别，选取设计速度、机动车车道数和车道宽度作为划分指标，通常可将城市道路划分为：快速路、主干道、次干道及支路四种类型。[①] 其中，快速路相对于其他三种道路类型而言，道路条件及交通流特征均具有显著的差异，如行程较长、速度较快、交通流呈连续流状态且所有交叉口均为立交等。因此，为了区分不同类型城市道路的交通事件影响并简化该研究问题，本书将城市道路划分为两类：快速路及普通城市道路，其中普通城市道路包括主干道、次干道及支路三种类型。本章将结合第二章所提出的 ECTM 模型，构建交通事件影响评价指标体系，并在此基础上针对普通城市道路，建立交通事件影响范围预测模型，还结合实例对此模型进行验证分析。此外，通过仿真分析的方法对普通城市道路交通事件影响范围的关键因素进行影响分析。

第一节 交通事件影响评价指标体系

交通事件主要通过两种方式对交通流状态产生直接影响：其一，减少可用车道数；其二，导致驾驶人作出观望、减速、换道及更改出行路径等行为。而当这两种影响方式导致路段的通行能力低于交通需求（单位时间内想要通过该

---

① 荣建，邵杰，陈春妹，等.智能交通与城市道路分类[J].道路交通与安全，2002（1）：18-21.

路段的车辆数）时，交通拥堵便产生了，并逐渐在路网中扩散。引起交通拥堵的原因还有很多，如出行的高峰时段、大型集会、恶劣天气情况、道路瓶颈等。调查发现，交通事件是引起交通拥堵的最重要的原因之一。[①]

现有的交通拥堵通常被划分为常发性拥堵与偶发性拥堵两种。[②] 常发性拥堵是指由固定瓶颈引起的，在某些特定时间（如工作日的通勤高峰时段）、地点频繁反复发生的交通拥堵；偶发性拥堵则是指由于交通事故、恶劣天气或其他随机事件引起的道路通行能力突降所导致的交通拥堵现象。交通事件所引起的交通拥堵则属于后者，它是由于道路通行能力的突然性下降所造成的，这种临时性的交通瓶颈引发的交通拥堵无论是在时间还是在空间的影响范围上都具有很大的随机性，这也使得交通事件的影响评价工作具有较大的难度。

在现有文献中，相关专家学者提出了多个指标用以从不同的角度评价交通拥堵的影响[③④]，例如平均出行时耗、平均拥堵延误、平均行程速度、交通走廊的畅通指数、交通拥堵指数、道路交通运行指数、路段走行时间等，但其中多为针对常发性拥堵的评价指标。因此，为了明确描述交通事件的影响，本书结合偶发性交通拥堵的特征，并基于疏导策略的需要，采用以下指标构建交通事件影响评价指标体系。

一、路段行程时间

路段行程时间通常是出行者用以衡量交通拥堵状况最直接的指标之一。由于不同的出行者在同一路段上的行程时间不尽相同，因此本书的路段行程时间指的是 k 时段内进入路段 a 的不同出行者在路段 a 上的平均行程时间，此处用 $c_a(k)$ 来表示。依据此定义，$c_a(k)$ 应满足以下两个约束条件：

（1）路段 a 的路段行程时间不应低于其处于自由流状态下的行程时间，即 $c_a(k) \geq c_a'(k)$。其中，$c_a'(k)$ 为路段 a 在自由流状态下的行程时间。

（2）依据元胞传输模型中隐含的"先进先出"规则的假定，路段行程时间

[①] Schrank D, Lomax T. 2007 Urban Mobility Report [M]. Texas Transportation Institute, 2007: 7.

[②] Lomax T, Turner S, Shunk G, Levinson H S, Pratt R H, Bay P N, et al. Quantifying Congestion[M]. Volume 1: Final Report, 1997.

[③] 刘梦涵. 面向特大城市的分层次交通拥堵评价模型及算法[D]. 北京：北京交通大学，2009.

[④] Boarnet M G, Kim E J, Parkany E. Measuring traffic congestion [J]. Transportation Research Record: Journal of the Transportation Research Board, 1998 (1634): 93-99.

应满足 $(k-1)+c_a(k-1) \leqslant k+c_a(k)$，即 $c_a(k) \geqslant c_a(k-1)-1$。

在满足以上条件的情况下，路段行程时间可分为以下两种状态进行描述：

当 $N_A \neq 0$ 时，路段行程时间可表示如下：

$$c_a(k) = \frac{\sum_{i \in a}\sum_{h \in N_a} c_{ai}^h(k)}{N_a} = \frac{\sum_{i \in a}\sum_{h \in N_a} c_{ai}^h(k)}{\sum_{i \in a} y_i^a(k)} \quad (3.1)$$

其中，路段 a 由 i 个元胞所构成，N_a 指的是 k 时段内进入路段 a 的出行者数，$c_{ai}^h(k)$ 为第 h 位出行者经过路段 a 第 i 个元胞的实际行程时间，$y_i^a(k)$ 为 k 时段内进入路段 a 上元胞 i 的出行者数。

当 $N_a = 0$ 时，路段行程时间则可表示如下：

$$c_a(k) = \max\left[c_a'(k), c_a(k-1)-1 \right] \quad (3.2)$$

另外，依据路段行程时间的计算方法，可简单得出路网 G 在某指定时段 T 内总行程时间的表达式如下：

$$\Gamma = \sum_{k \in T}\sum_{a \in G} c_a(k) N_a \quad (3.3)$$

二、平均拥堵延误

Lo（1999）[①] 将 CTM 模型中单个元胞的拥堵延误定义为车辆在通过该元胞时，所花费的超出自由流状态下行程时间的额外时间。可通过 k 时段内该元胞中的车辆数 $n_i(k)$ 与流出车辆数 $y_i(k)$ 的差值来计算其延误。因为若 $n_i(k) > y_i(k)$，即仍有车辆未离开此元胞时，每一辆滞留在元胞内的车将会产生一个时间步长 Δt 的延误。因此，结合第二章所构建的改进型元胞传输模型，可将 k 时段内路段 a 上元胞 i 的拥堵延误描述如下：

$$d_i^a(k) = \left[\rho_i^a(k) v_i^a \Delta t - y_{i+1}^a(k) \right] \cdot \frac{l_i^a}{v_i^a \Delta t} = \rho_i^a(k) l_i^a - \frac{y_{i+1}^a(k) \cdot l_i^a}{v_i^a \Delta t} \quad (3.4)$$

式中，$\rho_i^a(k)$ 为 k 时段内路段 a 上元胞 i 的车流密度，v_i^a 为路段 a 上元胞 i

[①] Lo H K. A novel traffic signal control formulation [J]. Transportation Research Part A, 1999, 33（5）: 433–448.

的自由流速度，$\rho_i^a(k)v_i^a\Delta t$ 为 k 时段内路段 a 上元胞 i 的车辆数，$y_{i+1}^a(k)$ 为 k 时段内路段 a 上元胞 i 的流出车辆数，l_i^a 为路段 a 中元胞 i 的长度。

为了明确拥堵引发的路网内拥堵延误的总体水平，可由上式推算得出 k 时段内路网 G 的总延误的表达式如下：

$$D(k) = \sum_{a \in G}\sum_{i \in a} d_i^a(k) \qquad (3.5)$$

因此，时段 T 内路网 G 的平均拥堵延误则可表示为：

$$\overline{D}_T = D_T \Big/ U_T = \sum_{k \in T}\sum_{a \in G}\sum_{i \in a} d_i^a(k) \Big/ \sum_{k \in T}\sum_{a \in G}\sum_{i \in a} y_i^a(k) \qquad (3.6)$$

式中，U_T 为时段 T 内累计进入路网 G 的总车辆数，$y_i^a(k)$ 为 k 时段内路段 a 上元胞 i 的流入车辆数。

三、平均行程速度

为了获取路段乃至整个路网的总体运行状态，平均行程速度是其中不可或缺的重要评价指标之一。本书采用所有出行者的总路程与行程时间总和的比值得到此指标，因此路段 a 的平均行程速度可描述如下：

$$\overline{v}_a = \frac{\sum_{k \in T}\sum_{i \in a}\sum_{n \in N} l_i^a \sigma_n^i(k)}{\sum_{k \in T}\sum_{i \in a}\sum_{n \in N} \varphi_a(k)\sigma_n^i(k)} \qquad (3.7)$$

式中，T 指的是所需控制的指定时段。$\sigma_n^i(k)$ 是 0 或者 1，若在 $(k, k+1)$ 时段内第 n 个出行者进入了元胞 i 的范围内，则 $\sigma_n^i(k)=1$；否则 $\sigma_n^i(k)=0$。

由上式可推出路网 G 在某指定时段 T 内的平均行程速度，描述如下：

$$\overline{v} = \frac{\sum_{a \in G}\sum_{k \in T}\sum_{i \in a}\sum_{n \in N} l_i^a \sigma_n^i(k)}{\sum_{a \in G}\sum_{k \in T}\sum_{i \in a}\sum_{n \in N} \varphi_a(k)\sigma_n^i(k)} \qquad (3.8)$$

四、事件影响长度

事件影响范围可以直接反映交通事件发生后交通拥堵的扩散程度，它也是评价交通事件影响的最重要的指标。为了定量表征这个指标，Wright 及 Roberg[①] 提出了拥堵规模这一概念，并将其定义为阻塞路段的总量。然而，这种表征方式仅仅考虑了处于完全阻塞状态的路段，忽略了处于拥堵状态并几近达到阻塞状态的这部分路段，无法充分、有效地反映出事发后拥堵扩散造成的影响。

因此，为了更清晰、直接地定量表征事件影响范围，本书在采用 ECTM 模型判定元胞交通流状态的基础上，提出事件影响长度这一概念，并将其定义为交通事件发生之后，受控区域内所有拥堵元胞的总长度。其中，拥堵元胞是指达到重度拥堵状态（元胞密度 $\rho_i \geq 0.7\rho_{i,J}$）及其以上交通流运行状态级别的元胞。

令 $IL(k)$ 表示交通事件发生后 k 时刻的影响长度，则依据定义可将其描述如下：

$$IL(k) = \sum_{i \in a} \sum_{a \in G} l_i^a \vartheta_i^a(k) \quad (3.9)$$

式中，G 为受控区域。$\vartheta_i^a(k)$ 是 0 或者 1，若在 $(k, k+1)$ 时段内路段 a 中元胞 i 达到重度拥堵状态及以上（$\rho_i \geq 0.7\rho_{i,J}$），则 $\vartheta_i^a(k)=1$；否则 $\vartheta_i^a(k)=0$。

另外，为了具体描述交通事件引发的拥堵规模，将 IL_{max} 定义为路段交通流恢复自由流状态前所能达到的最大事件影响长度，而该影响长度值对应的时刻即为最大影响时刻 k_{max}。

下文将通过构建普通城市道路交通事件影响范围预测模型得到不同时刻普通城市道路的事件影响长度，并在此基础上估算得出包括路段行程时间、平均拥堵延误及平均行程速度在内的其他交通事件影响评价指标，从而比较客观、综合地评价交通事件对普通城市道路造成的影响。

---

① Wright C, Roberg P. The conceptual structure of traffic jams [J]. Transport Policy, 1998, 5（1）: 23-35.

第二节　普通城市道路交通事件影响范围预测模型

一、模型假设

为了便于采用改进型元胞传输模型（ECTM）分析交通事件对普通城市道路的影响，并简化该研究问题，本书对普通城市道路交通事件影响范围预测模型（ECTM-R）提出基本假设，归纳如下：

（1）在原始 CTM 中提出假设：无论目的地为何处，当车流无法通过处于分流节点处的元胞时，则将阻塞住所有后续的车流通行，这也即是该模型中隐含的 FIFO（先进先出）规则的体现。[①] 而不同于 CTM 模型的是，此处构建的模型并非简单地将分流节点处理为发散的形式，而是将节点的渠化、信号配时等特征具体化，处于分流节点处元胞的车流是依据路径选择而分隔开的。因此，此处的假设修正为：处于节点处的元胞的堵塞将会阻止此元胞所属路径的上游车流通行；而其他路径的下游元胞若仍有可容纳空间，则上游车流仍可通行。

（2）如果发生交通事件后，车流在交叉口处发生拥堵，排队后溢至渠化区内后，仅会在发生拥堵的流向所占车道内蔓延。若此时拥堵仍未得到妥善控制，排队将会继续后溢至上游的混行区，并会占据混行区内的各个车道，继而扩散至其他相交路段，但对向车道并不受影响，且仍处于正常运行状态。图 3-1 所示即为，当路段直行流向的车流发生拥堵时，车辆排队向后蔓延的状况。

---

① Daganzo C F. The cell transmission model, part II: network traffic [J]. Transportation Research, Part B: Methodological, 1995, 29（2）: 79-93.

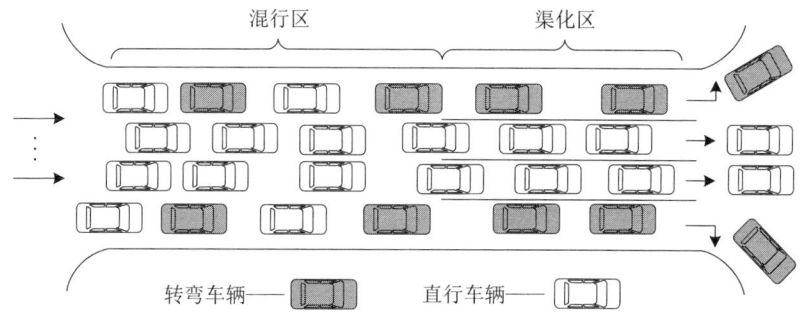

图 3-1 拥堵扩散示意图

（3）任何起讫点之间的流量均为恒定的，并且每个出行者的出行路径均为日常出行中所形成的固定路径，即使在发生拥堵的情况下，如果没有相应的疏导措施，出行者也不会改变其原始的出行路径。[1]

（4）在路段的渠化区内，任意流向均具有其独立的车道，均不存在共用车道，当车辆进入渠化区时均能准确进入其对应流向的车道。

（5）同一渠化区内各车道的饱和流率均相等，即上游末端元胞往各流向输出的最大车辆数与其所占车道数成正比。

二、模型构建

在城市道路系统中，交叉口是极其重要的组成部分，也是普通城市道路上交通事件发生频率最高的位置。据统计，各国交叉口的交通事件数占事件发生总数的比率分别为：美国为36%，德国为60%~80%，日本为42.2%，中国为30%。[2] 除此之外，由居民小区、学校、商场等基地建设所形成的道路开口处也是交通事件的高发地，其对主线交通也已构成了较大的交通压力，尤其是在一些交通流量较大的主干道上，影响尤为显著。因此，为了更好地分析交通事件对城市道路的影响，结合交叉口及道路开口处的特征对其影响进行具体分析，则是必不可少的。然而，传统的CTM模型仅仅是依据元胞之间的连接方式，将节点简单处理为普通节点、分流节点、合流节点三种形式，并未具体深入考虑交叉口的渠化、信号配时及道路开口等一些城市

---

[1] Wright C, Roberg P. The conceptual structure of traffic jams [J]. Transport Policy, 1998, 5 (1): 23-35.

[2] 尹海军，程建川. 新型的平面交叉口安全改善措施 [J]. 江苏交通科技，2008 (5): 33-35.

道路基本特征对交通流的影响。因此，本节将在第二章所构建的 ECTM 模型的基础上，结合交叉口及道路开口的基本特征对此模型进行改进，构建普通城市道路的交通事件影响范围预测模型。下面将此模型分为两部分进行描述：流量传输模型及交通守恒模型。前者的主要目的是用于描绘不同连接方式的元胞之间的流量传输方式，后者的主要目的是用于更新元胞的状态变量。

1. 流量传输模型

如图 3-1 所示，路段可依据交通运行特征划分为混行区与渠化区两部分。相应地，可将元胞划分为两种类型：混行元胞及渠化元胞（见图 3-2）。依据两种元胞的不同连接方式，可将此预测模型的传输模型划分为以下几种形式来描述：混行元胞－混行元胞、混行元胞－渠化元胞、渠化元胞－混行元胞、渠化元胞－渠化元胞。

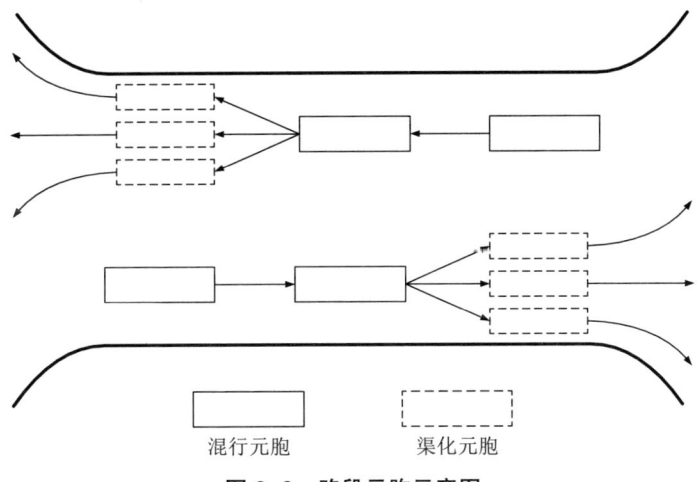

图 3-2　路段元胞示意图

（1）混行元胞－混行元胞

①元胞间简单连接

图 3-3　混行元胞简单连接示意图

若两相邻混行元胞间为简单连接，如图 3-3 所示，此时流量传输模型可以描述如下：

第 k 时段驶入元胞 $i+1$ 的车辆数可表示为：

$$y_{i+1}(k) = \min\left[S_i(k), R_{i+1}(k)\right] \qquad (3.10)$$

式中，第 k 时段元胞 i 的发送函数 $S_i(k)$ 及第 k 时段元胞 $i+1$ 的接受函数 $R_{i+1}(k)$ 可分别表示如下：

$$S_i(k) = \min\left[v_i \rho_i(k) \Delta t, Q_i\right] \qquad (3.11)$$

$$R_{i+1}(k) = \min\left\{Q_{i+1}, w_{i+1}\left[\rho_{i+1,J} - \rho_{i+1}(k)\right]\Delta t\right\} \qquad (3.12)$$

②元胞间存在路段开口

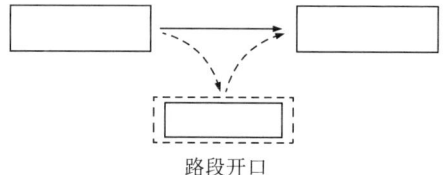

图 3-4 存在路段开口的元胞连接示意图

如图 3-4 所示，若两相邻混行元胞间存在路段开口（此处仅考虑混行区车辆右转进入路段开口且路段开口处车辆右转汇入混行区的情况），此时传输模型根据下游元胞能否接收来自上游元胞及路段开口的所有流量可分为以下两种情况：

$$y_{i+1}(k) = \begin{cases} S_i(k) - \upsilon_i(k) y_{i,out}(k) & S_i(k) - \upsilon_i(k) y_{i,out}(k) + \bar{e}_{i+1}(k) \leqslant R_{i+1}(k) \\ \min\left[S_i(k) - \upsilon_i(k) y_{i,out}(k), R_{i+1}(k)\right] & S_i(k) - \upsilon_i(k) y_{i,out}(k) + \bar{e}_{i+1}(k) > R_{i+1}(k) \end{cases} \qquad (3.13)$$

式中，$\bar{e}_{i+1}(k)$ 为第 k 时段由路段开口进入元胞 $i+1$ 的预估流量，此值由人工调查所获取的不同出行时段由路段开口进入元胞的平均流量来决定；$\upsilon_i(k)$ 为第 k 时段元胞 i 进入路段开口的流量占总流出量的比例，此值同样由人工调查所获取的不同出行时段由元胞进入路段开口的流量比来决定；此外 $y_{i,out}(k)$ 为元胞 i 的总流出量，可将其描述如下：

$$y_{i,out}(k) = \min\left(S_i(k), \frac{R_{i+1}(k)}{1 - \upsilon_i(k)}\right) \qquad (3.14)$$

因此，元胞 i 进入路段开口的实际流量则为 $y_{i,out}(k) - y_{i+1}(k)$。
而由路段开口进入元胞 $i+1$ 的实际流量 $e_{i+1}(k)$ 则可表示为：

$$e_{i+1}(k) = \begin{cases} \overline{e}_{i+1}(k) & S_i(k) - \upsilon_i(k) y_{i,out}(k) + \overline{e}_{i+1}(k) \leqslant R_{i+1}(k) \\ R_{i+1}(k) - y_{i+1}(k) & S_i(k) - \upsilon_i(k) y_{i,out}(k) + \overline{e}_{i+1}(k) > R_{i+1}(k) \end{cases} \quad (3.15)$$

因此，进入元胞 $i+1$ 的总流入量则可描述为：

$$y_{i+1,in}(k) = y_{i+1}(k) + e_{i+1}(k) \quad (3.16)$$

（2）混行元胞 – 渠化元胞

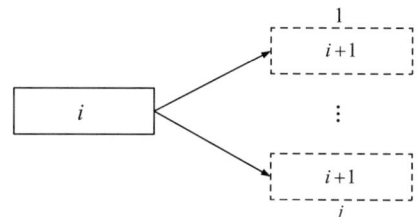

图 3-5　混行元胞 – 渠化元胞连接示意图

根据模型假设，当车辆由混行区进入渠化区时均能准确进入其对应流向的车道。因此，为了明确交叉口渠化对交通流运行的影响，将渠化区依据不同流向划分为多个独立的平行区域。相应地，渠化元胞则被划分为多个平行元胞，如图 3-5 所示。此处，在第 k 时段由混行元胞 i 驶入流向 j 的渠化元胞 $i+1$ 的流量 $y_{i+1,j}(k)$，则依据上游混行元胞 i 分流于各个平行渠化元胞 $i+1$ 的比例来决定，可将其描述如下：

$$y_{i+1,j}(k) = \theta_j \cdot y_{i,out}(k) \quad (3.17)$$

式中，θ_j 为混行元胞 i 进入流向 j 的渠化元胞 $i+1$ 的流量占元胞 i 总流出量的比例，此值由流向为路径 j 的车流所占车道数占渠化区总车道数的比例来决定；$y_{i,out}$ 为在第 k 时段驶出元胞 $i-1$ 的所有车辆数，由于不同流向的车辆在分流的过程中相互之间会产生一定的干扰，因此可将其表示如下：

$$y_{i,out}(k) = \min\{S_i(k), \min[R_{i+1,1}(k)/\theta_1, \cdots, R_{i+1,j}(k)/\theta_j]\} \quad (3.18)$$

其中，$R_{i+1,1}$ 为第 k 时段路径 j 的元胞 $i+1$ 所能承载的最大流量，且应满足 $R_{i+1,j}(k) \geqslant \theta_j \cdot y_{i,out}(k)$。

（3）渠化元胞 – 混行元胞

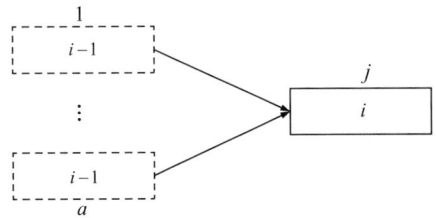

图 3-6　渠化元胞 – 混行元胞连接示意图

如图 3-6 所示，当车辆由渠化元胞进入混行元胞时，在考虑信号配时的情况下，第 k 时段内由上游路段 a 的渠化元胞 $i-1$ 流入下游路段 j 的元胞 i 的最大车辆数可描述为：

$$\widetilde{Q}_{i,j}^{a}(k) = \begin{cases} \theta_j^a \gamma_j^a \zeta_{i-1,j}^a \Delta t, & \text{当时段}(k,k+1)\text{处于有效绿灯时间内} \\ 0, & \text{否则} \end{cases} \quad (3.19)$$

其中，θ_j^a 为路段 a 去往路段 j 的车流所占车道数占渠化区总车道数的比例；γ_j^a 为路段 a 去往路段 j 的车流由于车辆转弯、重型车比例、路段坡度等原因而导致输出能力下降的折减系数；$\zeta_{i-1,j}^a$ 为路段 a 的末端元胞分配给去往路段 j 的饱和流率，即有效绿灯时间内单位时间可以由路段 a 去往路段 j 的最大流量。

第 k 时段上游路段 a 的渠化元胞 $i-1$ 所能提供给下游路段 j 的最大流量 $S_{i-1,j}^a(k)$ 则可表示如下：

$$S_{i-1,j}^a(k) = \min\left[v_{i-1,j}^a \rho_{i-1,j}^a(k)\Delta t, Q_{i-1,j}^a\right] \quad (3.20)$$

第 k 时段下游路段 j 混行元胞 i 所能接受的最大流量 $R_{i,j}(k)$ 可表示如下：

$$R_{i,j}(k) = \min\left\{\sum_{a \in A} Q_{i,j}^a(k), w_{i,j}\left[\rho_{i,j}^J - \rho_{i,j}(k)\right]\Delta t\right\} \quad (3.21)$$

此处第 k 时段由上游路段 a 的渠化元胞 $i-1$ 驶入下游路段 j 的混行元胞 i 的流量 $y_{i,j}^a(k)$ 显然应该满足以下两个条件：$y_{i,j}^a(k) \leqslant S_{i-1,j}^a(k)$ 且 $\sum_j y_{i,j}^a(k) \leqslant R_{i,j}(k)$。

此处流量传输模型可分为以下三种情况。

第一种情况：当下游路段 j 的混行元胞 i 可接收上游各路段的渠化元胞 $i-1$

能提供给路段 j 的所有流量时，即 $\sum_{a \in A} S_{i-1,j}^a(k) \leqslant R_{i,j}(k)$ 时，则在第 k 时段驶入路段 j 的元胞 i 的所有流量为：

$$y_{i,j}^{in}(k) = \sum_{a \in A} S_{i-1,j}^a(k) \tag{3.22}$$

第二种情况：当下游路段 j 的混行元胞 i 的车流可接收量低于上游各路段的渠化元胞 $i-1$ 的提供量时，即 $\sum_{a \in A} S_{i-1,j}^a(k) > R_{i,j}(k)$ 时，且上游各路段渠化元胞 $i-1$ 的车辆是遵照一定的优先权次序驶入混行元胞 i 时，则第 k 时段由上游路段 a 的元胞 $i-1$ 驶入下游路段 j 的元胞 i 的流量为：

$$y_{i,j}^a(k) = \min\left\{S_{i-1,j}^a(k), R_{i,j}(k) - \sum_{j^o} S_{i-1,j^o}^a(k)\right\} \tag{3.23}$$

其中，$S_{i-1,j^o}^a(k)$ 为 $(k, k+1)$ 时段优先于上游路段 a 的其他路段从元胞 $i-1$ 驶入下游路段 j 元胞 i 的最大流量。

则 $(k, k+1)$ 时段驶入路段 j 元胞 i 的所有车辆数为：

$$y_{i,j}^{in}(k) = \sum_{a \in A} y_{i,j}^a(k) \tag{3.24}$$

第三种情况：当 $\sum_{a \in A} S_{i-1,j}^a(k) > R_{i,j}(k)$ 时，且上游各路段均具有同等优先权时，则各路段渠化元胞 $i-1$ 的车辆将遵照先进先出原则（First In First Out）驶入路段 j 的混行元胞 i，而在第 k 时段由上游路段 a 的元胞 $i-1$ 驶入下游路段 j 的元胞 i 的流量则可表示为：

$$y_{i,j}^a(k) = \min\left\{S_{i-1,j}^a(k), p_{i-1,j}^a(k) \cdot R_{i,j}(k)\right\} \tag{3.25}$$

其中，$p_{i-1,j}^a(k)$ 为第 k 时段由上游路段 a 的渠化元胞 $i-1$ 驶入下游路段 j 混行元胞 i 的流量占驶入元胞 i 的总流量的比例，该值可由此出行时段的上游占有率来决定，且 $\sum_{a \in A} p_{i-1,j}^a(k) = 1$。

此时，$(k, k+1)$ 时段驶入路段 j 元胞 i 的所有车辆数的表达式与式 3.14 一致，此处不再赘述。

（4）渠化元胞 – 渠化元胞

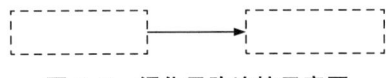

图 3-7　渠化元胞连接示意图

在渠化区内，两相邻渠化元胞间的连接如图 3-7 所示，其流量传输模型可以描述如下：

在第 k 时段，流向为路段 j 的渠化元胞 i 驶入渠化元胞 $i+1$ 的车辆数可表示为：

$$y_{i+1,j}(k) = \min\left[S_{i,j}(k), R_{i+1,j}(k)\right] \qquad (3.26)$$

式中，第 k 时段渠化元胞 i 的发送函数 $S_{i,j}(k)$ 及第 k 时段渠化元胞 $i+1$ 的接受函数 $R_{i+1,j}(k)$ 可分别表示如下：

$$S_{i,j}(k) = \min\left[v_{i,j}\rho_{i,j}(k)\Delta t, Q_{i,j}\right] \qquad (3.27)$$

$$R_{i+1,j}(k) = \min\left\{Q_{i+1,j}, w_{i+1,j}\left[\rho_{i+1,J}^{j} - \rho_{i+1,j}(k)\right]\Delta t\right\} \qquad (3.28)$$

2. 交通守恒模型

交通守恒模型主要用于更新元胞的交通流密度。分别针对混行元胞和渠化元胞，可以将交通守恒模型分别描述如下：

$$\rho_i(k+1) = \begin{cases} \rho_i(k) + \left[y_{i,in}(k) - y_{i,out}(k)\right]/l_i + D_i(k), & \text{当 } i \text{ 为起点元胞} \\ \rho_i(k) + \left[y_{i,in}(k) - y_{i,out}(k)\right]/l_i, & \text{否则} \end{cases} \qquad (3.29)$$

式中，$D_i(k)$ 为第 k 个时段起始元胞 i 的交通需求。

$$\rho_{i,j}(k+1) = \rho_{i,j}(k) + \left[y_{i,j}^{in}(k) - y_{i,j}^{out}(k)\right]/l_{i,j} \qquad (3.30)$$

依据上述流量传输模型及交通守恒模型，并结合前文有关章节中基于交通事件对模型的修正，可对普通城市道路发生交通事件后网络交通流的传播进行模拟，得到车辆出行的详细信息，进而估算得出用以表征交通事件影响范围的事件影响长度，并结合路段行程时间、平均拥堵延误及平均行程速度等交通事件影响评价指标，综合分析交通事件对普通城市道路的影响。

第三节 实例验证

一、模型参数标定

为了对普通城市道路交通事件影响范围预测模型（ECTM-R）的参数进行标定，本节选取了南京市主城区的局部路网作为研究对象，如图3-8所示。其具体范围描述如下：东起北安门街—御道街，西至进香河路—洪武北路—洪武路，北起北京东路—龙蟠路，南至户部街—常府街—瑞金路。在早高峰时段，一起交通事件发生于（珠江路—龙蟠中路）节点前往（珠江路—黄埔路）节点的路段上。

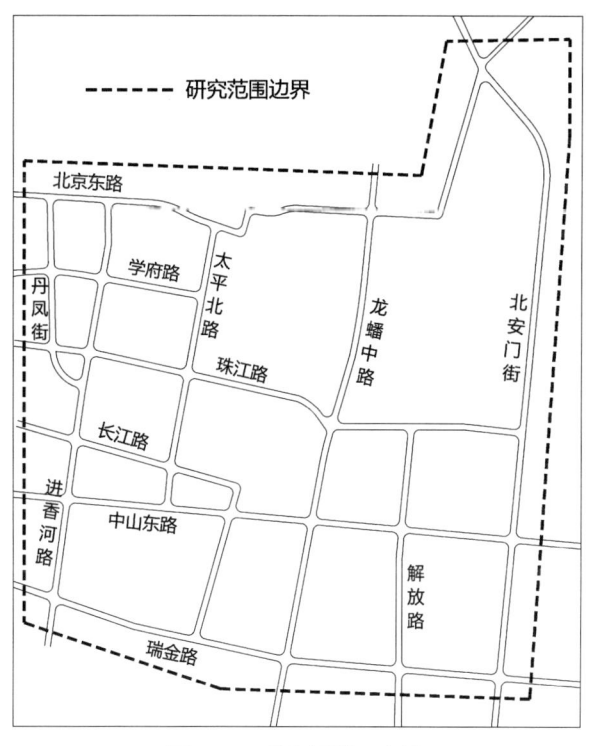

图 3-8 研究区域示意图

为了便于利用所建模型对交通事件的影响范围进行预测分析,可将此区域内的路网简化为多个元胞的连接图。依据路段开口及交叉口渠化等因素,可将研究区域内的各个路段划分为多个元胞。

除此之外,元胞划分还需满足两个重要条件:一是元胞长度必须超过单位时间内处于自由流状态下的车辆的出行距离,即:$l_i \geq v_i \Delta t$(时间步长设定为5s)。若初步划分的元胞不满足此条件,则需将这些元胞与其相邻的元胞合并,重新组合为一个新的元胞。二是应避免元胞同时成为分流结构与合流结构的一部分,造成网络拓扑结构无效的情况发生,若存在这种情况,则需将此元胞进一步划分。

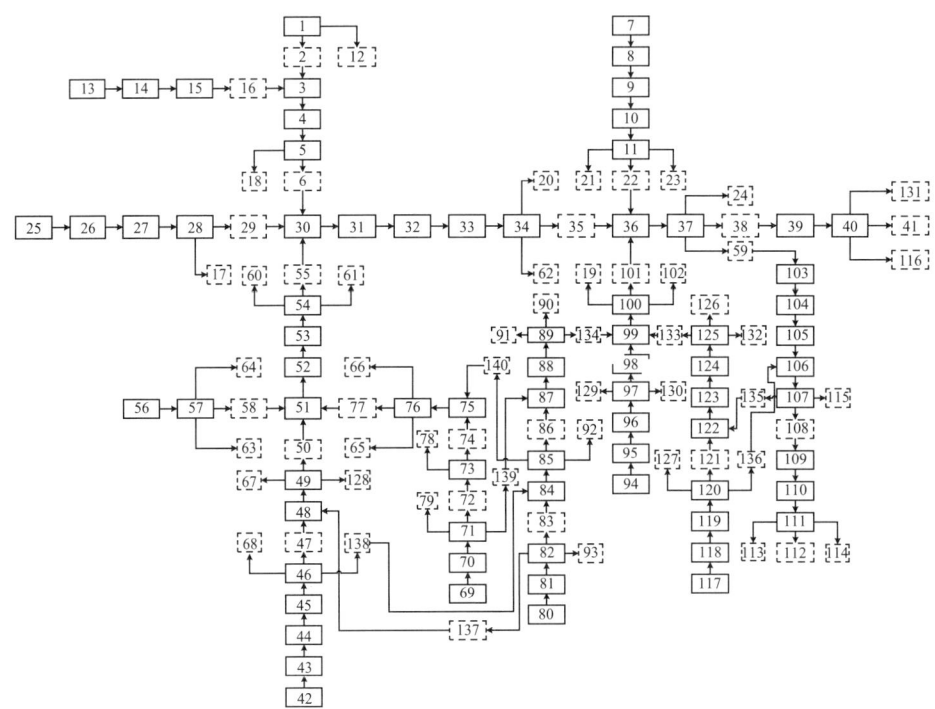

图 3-9 路网元胞示意图

表 3-1 元胞长度对照表

编号	长度（m）	编号	长度（m）	编号	长度（m）	编号	长度（m）	编号	长度（m）	编号	长度（m）
1	362	25	281	49	77	73	75	97	254	121	102
2	78	26	98	50	85	74	78	98	145	122	119
3	275	27	82	51	104	75	124	99	386	123	103
4	95	28	77	52	185	76	248	100	76	124	102
5	125	29	88	53	77	77	80	101	95	125	110
6	86	30	285	54	130	78	78	102	95	126	134
7	511	31	196	55	91	79	117	103	77	127	102
8	149	32	212	56	172	80	141	104	120	128	85
9	132	33	73	57	341	81	77	105	81	129	145
10	264	34	92	58	100	82	88	106	137	130	145
11	173	35	111	59	87	83	82	107	131	131	102
12	78	36	94	60	91	84	148	108	223	132	134
13	189	37	346	61	91	85	313	109	88	133	103
14	89	38	87	62	111	86	100	110	177	134	134
15	138	39	180	63	100	87	238	111	349	135	88
16	129	40	392	64	100	88	85	112	98	136	102
17	88	41	102	65	80	89	95	113	98	137	82
18	86	42	93	66	80	90	101	114	98	138	91
19	95	43	104	67	85	91	101	115	88	139	117
20	111	44	151	68	91	92	100	116	102	140	100
21	91	45	232	69	317	93	82	117	146		
22	91	46	76	70	249	94	201	118	98		
23	91	47	91	71	133	95	181	119	102		
24	87	48	75	72	117	96	129	120	307		

通过考虑以上因素，经过调整，可得此区域路网的元胞示意图（如图 3-9 所示）。元胞内的数字为元胞编号，其对应的各个元胞长度值则如表 3-1 中所示。其中编号为 1、7、13、25、42、56、69、80、94、117 的元胞为起始元胞，编号为 17、18、19、20、21、22、23、24、41、59、60、61、62、63、64、

65、66、67、68、78、79、90、91、92、93、102、112、113、114、115、116、127、128、129、130、131 的元胞为末端元胞。实线框与虚线框分别表示混行元胞及渠化元胞，且除了编号为（36，37），（48，49），（84，85）的三组混行元胞外，其他每组相邻的混行元胞间均有一个路段开口，由路段开口出入混行元胞的平均流量通过人工调查数据来获取。本书研究的数据主要来源于城市干道上的微波车辆检测器（RTMS）所采集的数据及人工调查所获取的数据。其中，用于本研究的 RTMS 数据主要包括各个监测器的流量、速度及占有率，这些数据均为时间间隔是 5min 的连续 24h 数据。另外，由于检测器故障等原因造成的数据缺失，则由人工调查的数据或历史数据来补充。依据所收集的数据，下面对包括自由流速度、非瓶颈路段通行能力、瓶颈路段通行能力、激波速度、阻塞密度在内的五个参数进行标定。

1. 自由流速度

自由流速度是指交通密度趋于零时交通流的理论速度，即不受其他车辆干扰时的行驶速度。[①②] 根据定义，本书利用研究区域内各路段的 RTMS 实测数据可以得出速度与密度的散点图，图 3-10 为某路段 24h 的速度-密度关系图。从图中可以看出，速度与密度之间总体呈线性关系：当密度减小时，速度呈增长趋势。从图中可以看出，此关系曲线与 Greenshields 经典模型比较吻合。因此，依据模型式 $v = v_t(1 - \frac{\rho}{\rho_J})$，并通过数据拟合即可得出此研究路段的自由流速度值为 55.3km/h。依据各路段的实测数据，可拟合得出各元胞对应的自由流速度，如图 3-11 所示。

---

① 李洪萍，裴玉龙，杨中良. 快速路自由流速度及其影响因素[J]. 吉林大学学报: 工学版，2007(4): 772-776.

② 佐佐木纲，饭田恭敬. 交通工程学[M]. 邵春福，杨海，史其信，等译. 北京: 交通出版社，1994: 117.

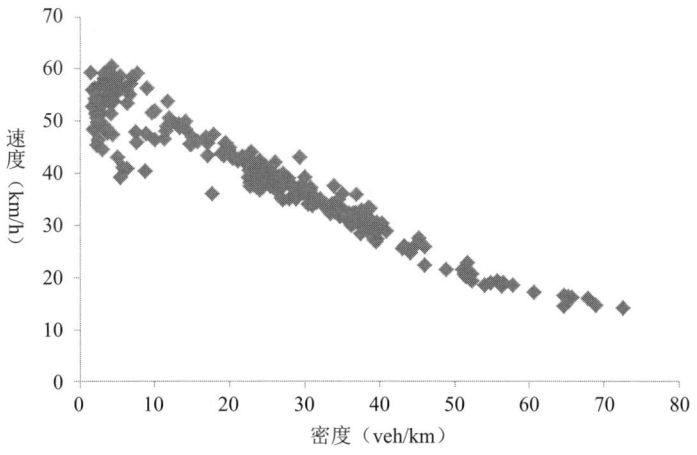

图 3-10　研究路段速度 – 密度关系图

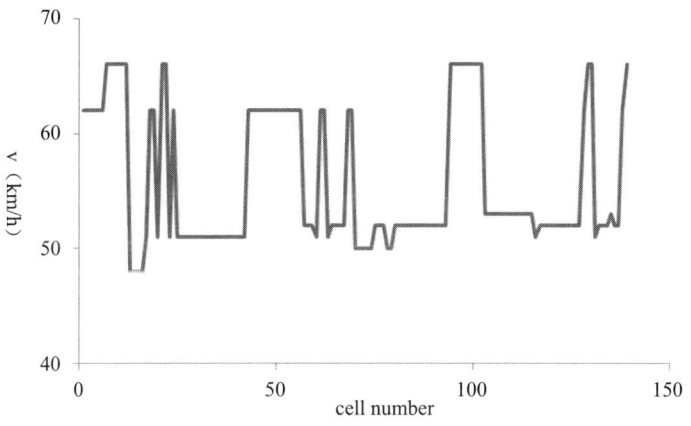

图 3-11　自由流速度分布图

2. 非瓶颈路段通行能力

非瓶颈路段的通行能力是指离开或进入非瓶颈路段时所能达到的最大流量。但是由于这个流量值在实际情况下是难以达到的，因此如果直接将检测器的最大实测流量设置为此路段的通行能力是不合理的。此时，采用研究路段的实测数据作出流量与速度的散点图，如图 3-12 所示。

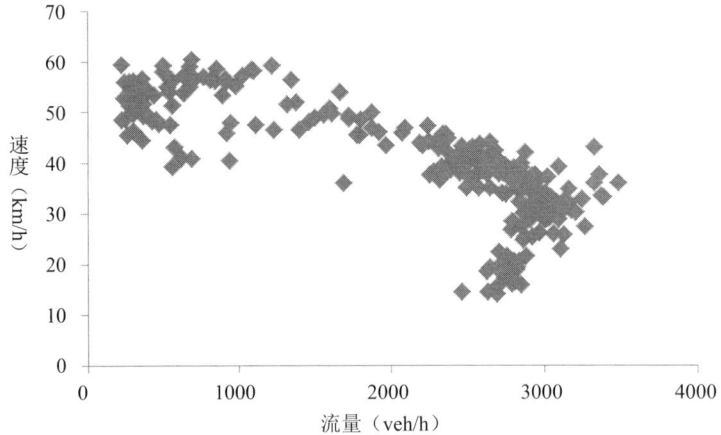

图 3-12 研究路段流量 - 速度关系图

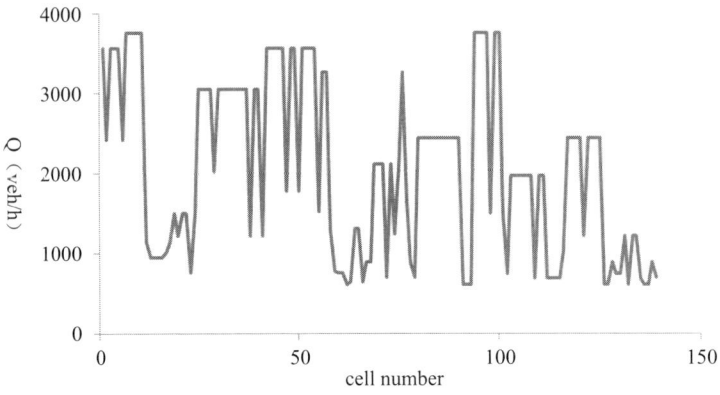

图 3-13 非瓶颈路段通行能力分布图

从图中可以看出，此关系曲线与经典的 Greenshields 模型较为吻合。因此，依据模型式 $Q = \rho_J(v - \frac{v^2}{v_i})$，可拟合得出此路段的通行能力值为 3564veh/h。由于研究区域内各个元胞的通行能力不尽相同，因此可通过实测数据拟合得出各个元胞的通行能力，如图 3-13 所示。

3. 瓶颈路段通行能力

瓶颈路段是指容易引发交通堵塞传播或蔓延的路段。根据瓶颈路段产生原因的确定性与不确定性,可划分为固定交通瓶颈和动态交通瓶颈。① 固定交通瓶颈是指常发性拥堵的发生路段,因此具有一定的可预见性;而动态交通瓶颈则是指偶发性拥堵的发生路段,其主要是由交通事件突发、交通需求突增等不确定原因所引起的,具有较强的可变性,因此只在短时期内呈现一定的规律性。

由于瓶颈的产生,路段通行能力则需要进行一定程度的折减。固定瓶颈路段的通行能力折减系数可以采用实测的历史数据,通过间隔统计模型标定得出。②③ 动态瓶颈路段通行能力的折减,则可依据前文相关章节中所提出的标定方法计算得出。结合实测数据,计算得出事件发生后,此瓶颈路段的实际通行能力由 3049veh/h 折减为 807veh/h。另外,发生交通事件而折减的临界密度、激波速度及阻塞密度同样可以依据前文相关章节中所描述的方法进行标定,计算得出折减后的数值分别为 24veh/h、20.3veh/h、85veh/h。

4. 激波速度及阻塞密度

本书通过研究流量与密度之间的关系,采用约束最小二乘法对激波速度 w_i 及阻塞密度 $\rho_{J,i}$ 两个参数进行标定。首先,采用检测器实测的流量-速度值,通过下式得出元胞 j 的临界密度值:

$$\rho_{o,j} = \frac{\max_k \left[q_j(k) \right]}{v_j} \quad (3.31)$$

式中,$q_j(k)$ 为元胞 j 在 $(k, k+1)$ 时段的实测流量。

由于在标定中只需使用拥堵状态下的流量-密度数据组,因此本书将密度超过临界值 $\left[\rho_j(k) > \rho_{o,j} \right]$ 的数据组全部筛选出来,并令对应的 k 值构成时间集 K_N,且有 $K_N = \{k_1, \cdots, k_n\}$。依据最小二乘法,令 $[w_j \quad w_j \rho_{J,j}]^T$ 作为下式的解:

$$X_j [w_j \quad w_j \rho_{J,j}]^T = Y_j \quad (3.32)$$

---

① 邓瑞. 城市区域路网交通瓶颈识别与预测 [D]. 成都:西南交通大学,2012.
② Lorenz M R, Elefteriadou L. Defining freeway capacity as function of breakdown probability [J]. Transportation Research Record:Journal of the Transportation Research Board,2001,1776(1):43-51.
③ Brilon W, Geistefeldt J, Regler M. Reliability of freeway traffic flow:a stochastic concept of capacity [C]. In Proceedings of the 16th International symposium on transportation and traffic theory,2005.

式中，$X_j^T = \begin{bmatrix} -\rho_j(k_1) & \cdots & -\rho_j(k_N) \\ 1 & \cdots & 1 \end{bmatrix}$，$Y_j = \begin{bmatrix} q_j(k_1) + \dfrac{l_j}{\Delta t}\left[\rho_j(k_1+1) - \rho_j(k_1)\right] \\ \vdots \\ q_j(k_n) + \dfrac{l_j}{\Delta t}\Delta\rho_j\left[\rho_j(k_n+1) - \rho_j(k_n)\right] \end{bmatrix}$。

上式中的 Y_j 与 X_j 两个变量应呈线性关系，且应避免元胞 j 的最大可能流量高于此元胞的通行能力 Q_j，即应受限于约束条件：

$$\frac{v_j w_j \rho_{J,j}}{v_j + w_j} \leqslant Q_j \qquad (3.33)$$

当某元胞估算出来的参数失真时，应选取其相邻下游元胞的参数值来替代。通过上述方法可以估算得出研究区域内各个元胞的激波速度及阻塞密度（如图 3-14、3-15 所示）。

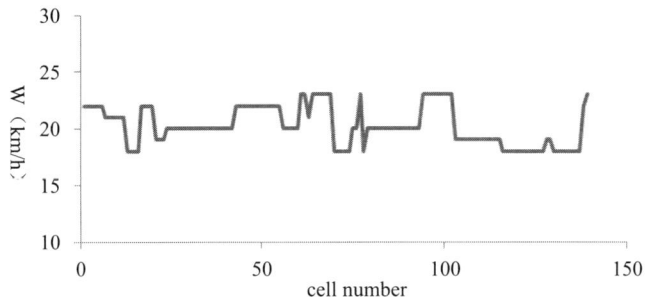

图 3-14　激波速度分布图

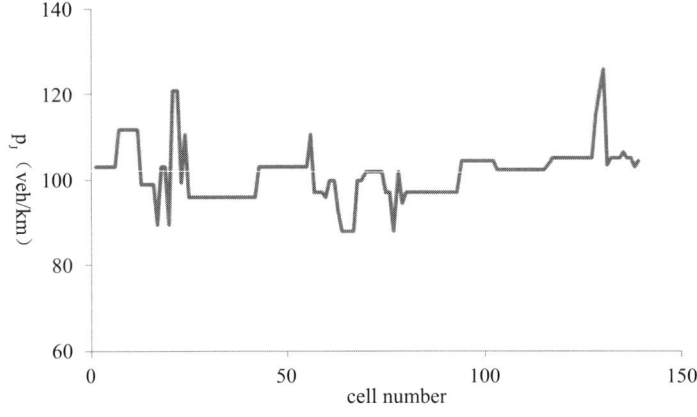

图 3-15　阻塞密度分布图

二、结果分析

采用上文构建的普通城市道路交通事件影响范围预测模型（ECTM-R），结合研究区域的路网结构，模拟交通事件发生后网络交通流的传播过程，以实现对事件影响范围的预测。

根据实测数据可得，2013年3月2日7：50于珠江路—龙蟠中路节点前往珠江路—黄埔路节点的路段上，发生了一起车辆剐蹭事件。该事件造成研究区域内的最大事件影响长度达到4615m，事件清除于8：25，并于8：50恢复事发前运行状态。结合路网元胞示意图可知，事件发生位置处于37号元胞内，距离上游36号元胞的路段长度 l_{37}' 约为103m，距离下游38号元胞的路段长度 l_{37}'' 约为243m。且由于元胞自由流速度 v_{33} 为51km/h，单位时间内车辆自由走行的距离 $v\Delta t$ 为71m，满足 $l_{37}' \geq v\Delta t$ 及 $l_{37}'' \geq v\Delta t$ 的条件，因此可将此元胞依据事发位置重新划分为两个新元胞进行分析。

结合上节标定的模型参数，以研究区域内检测器及人工获取的流量为依据，仿真加载路网中的交通需求。由于初始时刻路网中流量为零，需要加载一段时间的周期性交通需求，使得网络交通流趋于稳定后，开始仿真模拟交通事件发生后交通流的运行状态。

为了降低仿真的随机误差，选择10次仿真的平均值作为仿真的最终结果，并将其与实测数据（数据间隔为5min）进行对比。此时，分别从研究区域内各路段上选取具有代表性的元胞（元胞编号为：5号、11号、30号、51号、88号及108号），作出事件发生后70min内的密度变化对比图，如图3-16所示。其中，5号与11号元胞为处于分流结构的混行元胞，30号与51号为处于合流结构的混行元胞，88号为两个路段开口之间的混行元胞，108号则为渠化元胞。图中，密度值处于（$0 \leq \rho_i < \rho_{o,i}$）范围内的路段为自由流运行状态，标记为灰白色；密度值处于（$\rho_{o,i} \leq \rho_i < 0.5\rho_{J,i}$）范围内的路段处于轻度拥堵状态，标记为浅灰色；密度值处于（$0.5\rho_{J,i} \leq \rho_i < 0.7\rho_{J,i}$）范围内的路段处于中度拥堵状态，标记为深灰色；密度值处于（$\rho_i \geq 0.7\rho_{ij}$）范围内的路段处于重度拥堵状态，标记为黑色。由图可得，实测数据与仿真数据的变化趋势基本一致。

为了进一步验证ECTM-R模型的准确性，应用Sumalee等基于CTM构建的SCTM模型进行仿真，并与ECTM-R模型的仿真结果进行对比分析。图3-17

为所选元胞的实测与 SCTM 模型仿真密度对比图。表 3–2 为两组仿真数据与实测数据之间的相对误差平均值及标准差。

对比图 3–16 与图 3–17 可以看出，分别应用 ECTM-R 模型与 SCTM 模型仿真得出的元胞密度值相似度较高，且变化趋势基本一致。由表 3–2 中的对比数据则可以看出，ECTM-R 模型仿真数据的平均误差处于 5%~8% 的范围内，SCTM 模型仿真数据的平均误差处于 6%~9% 的范围内，且 ECTM-R 模型所得的各个元胞的平均误差值均要小于 SCTM 模型。另外，对比表中的两组标准差数据，同样可以看出，应用 ECTM-R 模型仿真所得的数值较小。上述内容说明，ECTM-R 模型的仿真结果比较稳定，且能够更为准确地获取普通城市道路不同时刻的交通流状态参数。

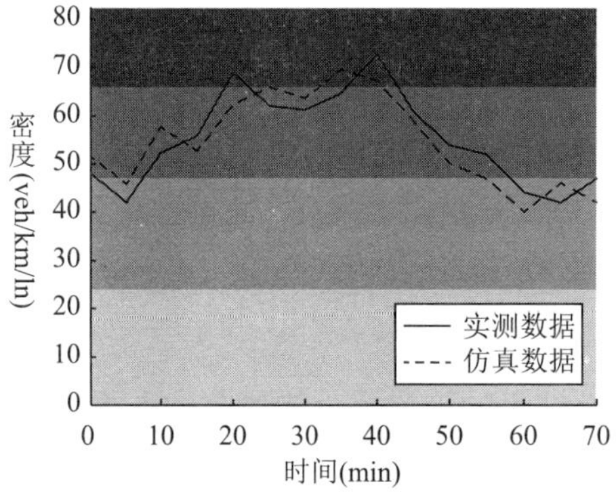

a）5 号元胞

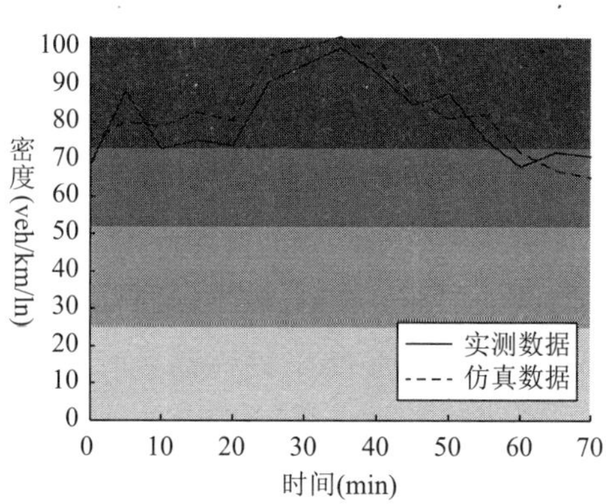

b）11 号元胞

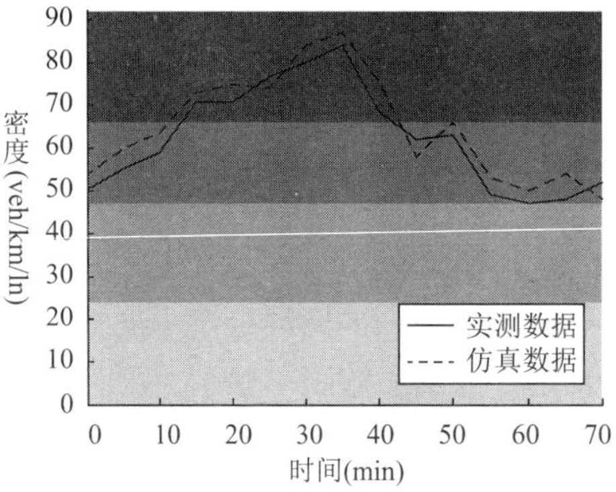

c）30 号元胞

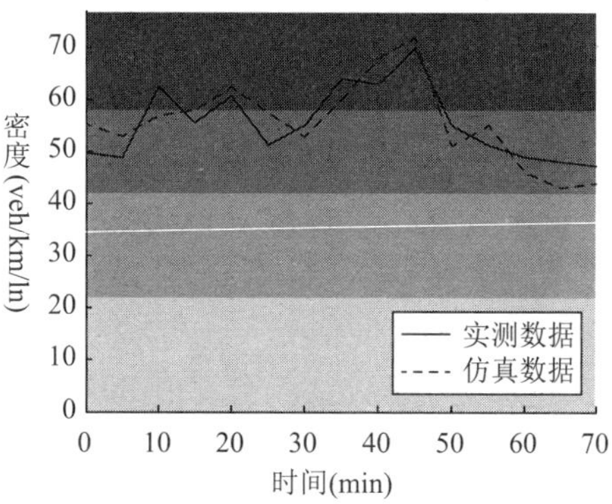

d）51 号元胞

图 3–16　实测与 ECTM-R 模型仿真密度对比图

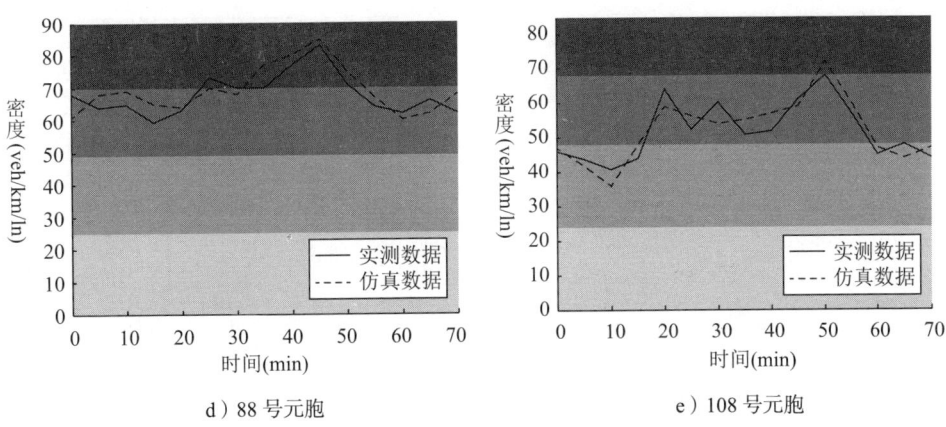

d）88号元胞　　　　　　　　　　　e）108号元胞

图 3-16　实测与 ECTM-R 模型仿真密度对比图（续）

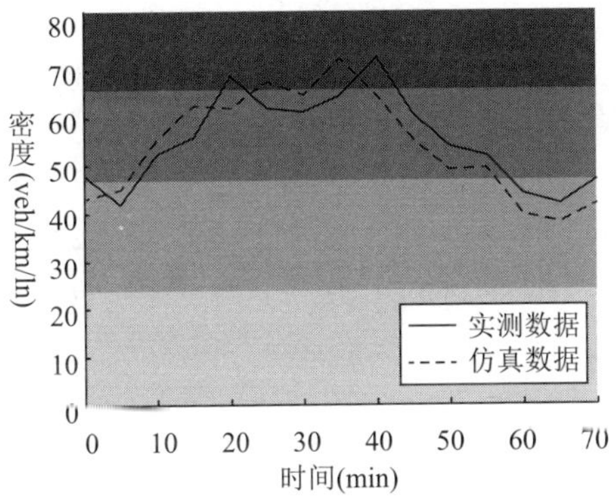

a）5号元胞 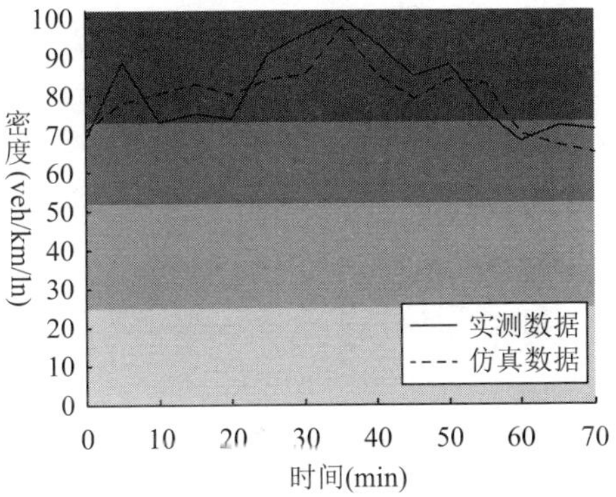　　　　　　　　　　　b）11号元胞

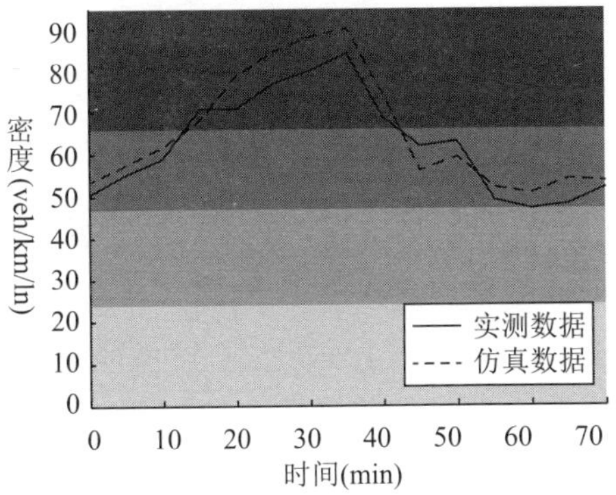

c）30号元胞 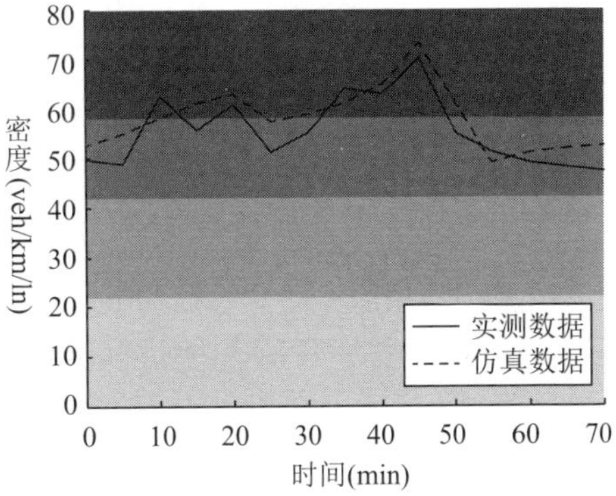　　　　　　　　　　　d）51号元胞

图 3-17　实测与 SCTM 模型仿真密度对比图

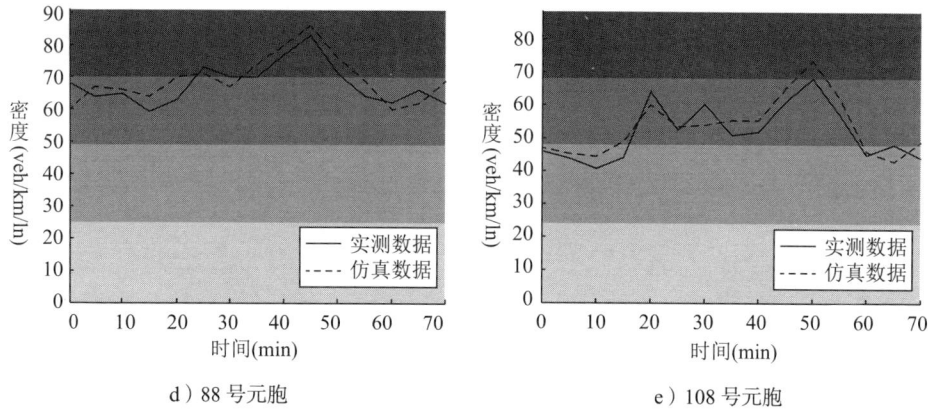

d）88号元胞　　　　　　　　　　e）108号元胞

图 3-17　实测与 SCTM 模型仿真密度对比图（续）

表 3-2　实测-仿真密度误差对比表

元胞编号		5号	11号	30号	51号	88号	108号
ECTM-R	平均误差（%）	7.75	7.01	6.74	7.12	5.79	7.05
	标准差（%）	2.17	2.50	2.60	2.88	2.95	2.76
SCTM	平均误差（%）	8.93	7.49	7.33	7.25	6.23	7.11
	标准差（%）	2.25	2.98	2.83	3.28	3.18	3.34

根据仿真所得的元胞密度值及其他车辆出行参数，可对各项交通事件影响评价指标进行估算，并与实测评价指标值进行对比分析。图 3-18 为事发后 70min 内事件影响长度的实测-仿真对比图。由图中可以看出，两组仿真数据与实际数据的变化趋势基本一致。

表 3-3 为包括最大事件影响长度、总行程时间、平均拥堵延误及平均行程速度在内的评价指标值及其对应的误差值。由表中数据可以看出，ECTM-R 模型仿真数据与实际数据中各项指标的误差绝对值处于 5%~8% 的范围内，SCTM 模型仿真数据与实际数据中各项指标的误差绝对值则处于 7%~11% 的范围内，且前者所得的各项指标的误差值均要小于 SCTM 模型。这可以说明，应用 ECTM-R 模型仿真计算的交通事件影响评价指标值较之 SCTM 模型更为准确。

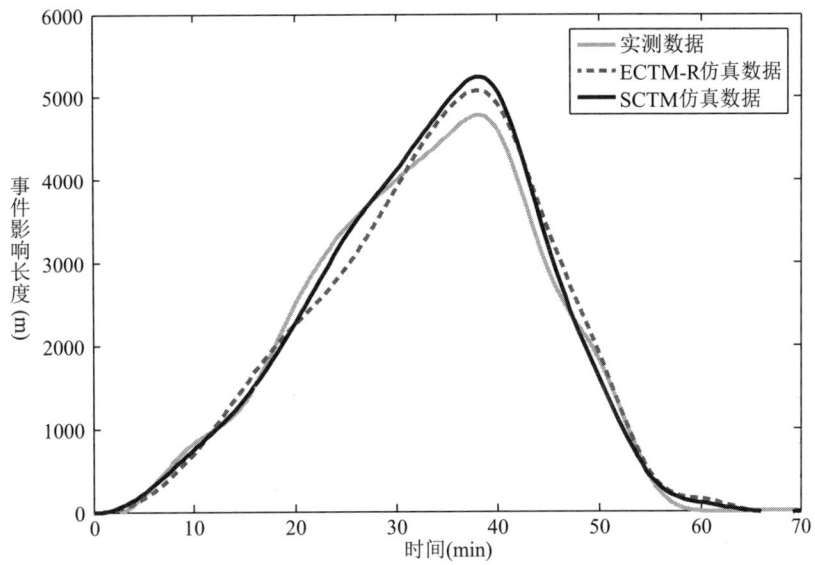

图 3-18 实测-仿真事件影响长度对比图

表 3-3 交通事件影响评价指标对比表

评价指标	实际数据	ECTM-R		SCTM	
		仿真数据	误差值（%）	仿真数据	误差值（%）
最大事件影响长度（m）	4615	4926	6.74	5076	9.99
总行程时间（veh.h）	452.46	488.53	7.97	498.07	10.08
平均拥堵延误（s）	207	219	5.83	222	7.35
平均行程速度（km/h）	13.8	12.83	−7.03	12.59	−8.76

综上所述，本章构建的普通城市道路事件影响范围预测模型（ECTM-R 模型）不仅能清晰地反映出不同时刻各个路段的交通流运行状态，而且能够获取较为准确的影响评价指标值，从而验证了该模型的准确性与合理性。

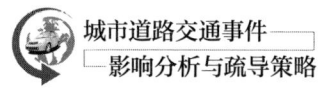

第四节 仿真分析

在城市道路中,由于交通事件的发生直接导致了路段通行能力的降低。当交通需求无法满足交通供给时,路段的拥堵现象便产生了;若此时未采取有效措施,拥堵现象将逐步扩散至其他路段乃至整个路网。在拥堵扩散的过程中,有许多因素对其产生影响,依据这些影响因素的特征,可将其划分为两类:一类为由突发交通事件所决定的因素;另一类为道路交通条件所决定的因素。前者主要包括事件发生时间、事件发生位置、事件类型、事件严重程度、事件结束时间、天气情况、占用车道数、涉及车辆数、伤亡人数等[①];后者主要包括道路线性设计、道路等级、道路交通安全设施、道路交通量、道路交通流构成及流向流量比等[②]。本节选取事件发生位置、渠化区流向划分比例、渠化区长度三项因素,基于ECTM-R模型,仿真分析得出各项主要因素与城市道路交通事件影响范围之间的关系,为制定有效的拥堵疏导策略提供有力的理论支持。

一、仿真参数确定

本节将应用上节中构建的影响范围预测模型,并选择图3-9所示的路网结构作为仿真对象,对交通事件发生后城市道路上影响范围的变化过程进行模拟。

为便于仿真分析,现将模拟中的模型参数设置如下:

时间步长 Δt:5s;

自由流车速 v:55km/h;

阻塞密度 ρ_J:125veh/km/ln;

向后传播的激波速度 w:22km/h;

单车道通行能力 Q:1440veh/h/ln(约为 $2\text{veh}/\Delta t/\text{ln}$);

---

① 丛浩哲,方守恩,王俊骅.交通事件持续时间影响因素分析及其回归模型[J].交通信息与安全,2010(3):80-83.
② 姜晴.城市道路交通安全的交通条件分析研究[D].西安:长安大学,2008.

元胞的最小长度 $v\Delta t$：76m；

车流方向为左转、直行、右转的车流比例：$\alpha_l : \alpha_s : \alpha_r = 1:2:1$；

车流方向为左转（右转）、直行的车流比例：$\alpha_l : \alpha_s = \alpha_r : \alpha_s = 1:3$；

车流方向为左转、右转的车流比例：$\alpha_l : \alpha_r = 1:1$。

将研究时段设定为 1000 个时段，所有起始元胞的交通需求设定为 $1\text{veh}/\Delta t$，由各路段开口进入混行元胞的流量为 $12\text{veh}/h$，由各混行元胞进入路段开口的流量占总流出量的比例为 2%。初始时刻路网中流量为零，在加载一段时间的交通需求后，使得网络交通流趋于稳定，再开始模拟分析交通事件发生后交通流的运行状态。此时，假定在 37 号元胞的中间位置发生了一起交通事件，该事件发生于第 20 个时段，并被清除于第 380 个时段，且该事件造成事发路段通行能力下降 83%。

二、仿真结果分析

1. 事件发生位置

为了分析不同的事件发生位置对普通城市道路交通事件影响范围的影响，选择渠化区、邻近渠化区下游的混行区及邻近渠化区上游的混行区三种事发位置作为研究对象。为了便于对比分析，分别对发生于 38 号、36 号及 37 号元胞的交通事件进行影响范围预测。由图 3-9 可知，38 号元胞位于渠化区，36 号元胞位于邻近渠化区下游的混行区，37 号元胞则位于邻近渠化区上游的混行区。依据上述设置条件，以事件影响长度及平均拥堵延误作为评价指标，分别对发生于不同位置的交通事件影响状况进行仿真分析。

图 3-19 描绘的是事件发生于不同位置的影响评价指标变化图，表 3-4 说明的是图中各项与拥堵延误及事件影响长度相关的主要指标值。首先，图表中显示的结果表明，事发位置处于渠化区时所产生的拥堵延误及影响长度均略大于混行区，且两个最大指标值对应的时刻均早于混行区，影响范围下降的速度也要低于混行区。究其原因，主要是因为渠化区内各流向均具有相对独立的车道，当渠化区内某流向发生交通事件时，拥堵会沿着此流向的路径快速向上蔓延，却无法利用渠化区内的其他空间缓解拥堵；而当事件被消除后，拥堵消散所增加的空间也是较为有限的。因此，当事件发生在渠化区内时，拥堵延误及事件影响长度的增长都会相对较快，事件影响范围也会随之略有增加，而拥堵

消散速度却会相对较慢。

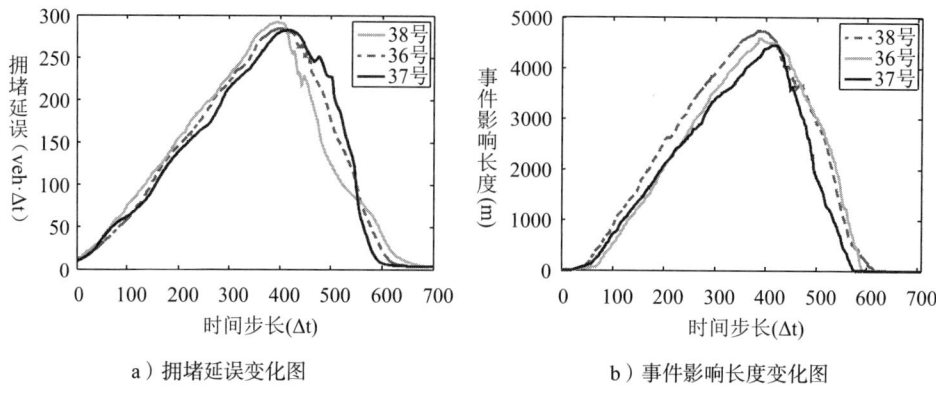

a）拥堵延误变化图　　　　　　b）事件影响长度变化图

图 3-19　不同位置的影响评价指标变化图

其次，对比交通事件发生于混行区的两种情形时，可以发现当事发地邻近渠化区下游时，产生的拥堵延误及事件影响长度较大，拥堵扩散的速度较快，事件清除后拥堵消散的时间也较长。这主要是由于事发地上游邻近渠化区，拥堵将迅速向渠化区内阻塞车道所在的流向蔓延，由于空间受限，拥堵消散的速度自然也就较慢，在事件清除前形成的影响范围也就越大。

最后，对比事件影响长度与拥堵延误两个指标可以发现，拥堵延误达到最大的时刻要迟于事件影响长度最大的时刻，而且当事件影响长度恢复到事发前水平时，拥堵延误却仍然维持在较高的水平。这主要是因为在脱离拥堵元胞的状态后，各个元胞并不能立即恢复到自由流状态，仍会持续产生一定的拥堵延误。

表 3-4　不同事发位置下拥堵延误及事件影响长度的相关指标

拥堵延误相关指标	事发位置			事件影响长度相关指标	事发位置		
	38号	36号	37号		38号	36号	37号
事件清除时刻的拥堵延误（veh·Δt）	289	280	269	事件清除时刻的影响长度（m）	4699	4470	4163
最大拥堵延误（veh·Δt）	292	283	282	最大影响长度（m）	4748	4587	4462
拥堵延误最大的时刻（Δt）	389	392	415	影响长度最大的时刻（Δt）	384	388	413
恢复事发前水平的时刻（Δt）	650	618	595	恢复事发前水平的时刻（Δt）	617	597	581

2. 渠化区流向划分比例

本节主要分析渠化区流向划分比例发生变化时对事件影响范围的作用（此处主要考虑车流方向为左转、直行、右转的渠化区）。将直行、左转及右转的车道占渠化区总车道的比例分别表示为 θ_s、θ_l、θ_r，并对 $\dfrac{\theta_s}{\theta_l+\theta_r}>1$、$\dfrac{\theta_s}{\theta_l+\theta_r}=1$ 及 $\dfrac{\theta_s}{\theta_l+\theta_r}<1$ 的三种情况进行对比分析。将研究区域内的渠化区流向划分比例分别设置为以下三种情况：$\theta_l:\theta_s:\theta_r=1:3:1, \theta_l:\theta_s:\theta_r=1:2:1, \theta_l:\theta_s:\theta_r=3:4:3$。

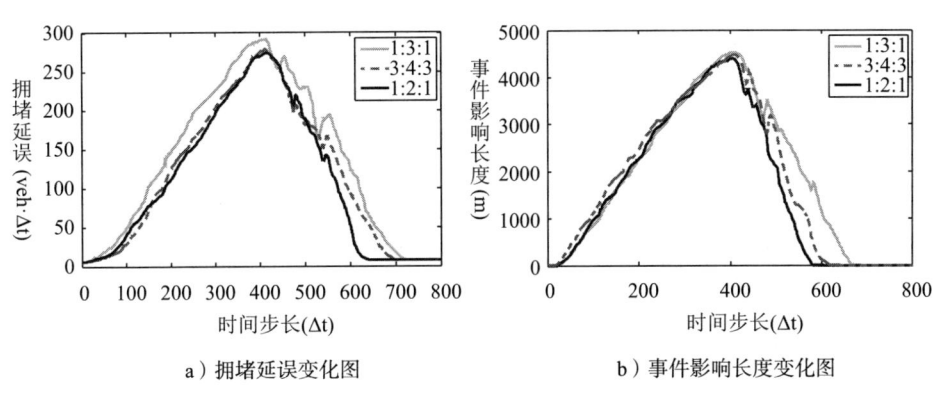

a) 拥堵延误变化图　　　b) 事件影响长度变化图

图 3-20　不同流向划分比例的影响评价指标变化图

图 3-20 描绘的是不同流向划分比例下的事件影响评价指标变化图，表 3-5 说明的是不同流向划分比例对应的主要评价指标值。首先，图表中显示的结果表明，当 $\theta_l:\theta_s:\theta_r=1:2:1$ 时，即道路流量流向比（$a_l:a_s:a_r=1:2:1$）与渠化区划分比例相等时，事件清除后拥堵消散的速度最快，这说明当渠化区达到均衡分配时（$\theta_l:\theta_s:\theta_r=a_l:a_s:a_r$），最有利于拥堵消散。当 $\theta_l:\theta_s:\theta_r=1:3:1$ 时，直行划分比例过大，由于渠化元胞间相互独立，直接导致转弯车辆无法及时离开拥堵区域，继而也影响到直行方向车辆的疏散，从而降低总体的拥堵消散速度。同样，当 $\theta_l:\theta_s:\theta_r=3:4:3$ 时，转弯划分的比例过大，导致直行车辆无法有效利用渠化空间，使得拥堵消散速度下降。

其次，对比 $\theta_l:\theta_s:\theta_r \neq a_l:a_s:a_r$ 的两种情形，可以发现事件发生后，两种情形下影响范围的扩散速度基本一致。但是事件被清除后，当 $\dfrac{\theta_s}{\theta_l+\theta_r}<1$ 时的

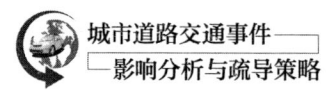

拥堵消散速度明显大于 $\frac{\theta_s}{\theta_l + \theta_r} > 1$ 时的情形。这也就说明，在无法确定道路流量流向比时，适当减小直行流向的划分比例，更有利于拥堵消散。

表 3-5 不同流向划分比例下拥堵延误及事件影响长度的相关指标

拥堵延误相关指标	$\theta_l:\theta_s:\theta_r$			事件影响长度相关指标	$\theta_l:\theta_s:\theta_r$		
	1:3:1	3:4:3	1:2:1		1:3:1	3:4:3	1:2:1
事件清除时刻的拥堵延误（veh·Δt）	285	262	261	事件清除时刻的影响长度（m）	4411	4310	4332
最大拥堵延误（veh·Δt）	292	279	274	最大影响长度（m）	4529	4484	4404
拥堵延误最大的时刻（Δt）	414	412	411	影响长度最大的时刻（Δt）	411	409	405
恢复事发前水平的时刻（Δt）	717	694	634	恢复事发前水平的时刻（Δt）	667	619	581

3. 渠化区长度

道路渠化是交通组织优化中一项极为重要的内容，它有助于将有冲突的车流进行空间上的分离。龙建成等[①]的研究发现，渠化区长度的不同设置会对交通流的运行状态产生一定程度的影响。因此，本书将考虑不同的渠化区长度对交通事件影响范围的影响。在保证研究区域内各路段长度不变的情况下，适当调整渠化区元胞及其相邻混行元胞的长度，可对以下三种情况进行对比分析：①延长渠化区长度，②维持原有路网状态，③缩短渠化区长度，并得出对比结果（如图 3-21 及表 3-6 所示）。

---

① 龙建成，高自有，赵小梅.基于路段传输模型的道路出口渠化[J].吉林大学学报：工学版，2009，39（2）：41-46.

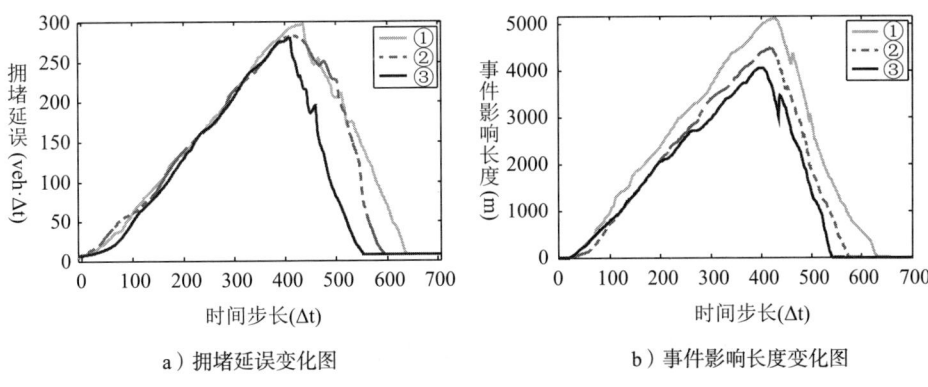

a）拥堵延误变化图　　　　　　　b）事件影响长度变化图

图 3-21　不同渠化区长度的影响评价指标变化图

由图表中显示的结果可以看出，渠化区越长，事件引发的拥堵延误及影响长度越大，拥堵消散的速度越低，所需的恢复时间也就越长。这主要是由于渠化区内各流向是相互独立的，而各流向比例的划分恰好与流量流向比一致的可能性极小，因此渠化区的空间就很难被充分利用。渠化区越长，被浪费的拥堵疏导空间就越多，事件影响范围也就越大，拥堵疏散的速度也越慢。

表 3-6　不同渠化区长度下拥堵延误及事件影响长度的相关指标

拥堵延误相关指标	渠化区长度			事件影响长度相关指标	渠化区长度		
	①	②	③		①	②	③
事件清除时刻的拥堵延误（veh·Δt）	276	269	268	事件清除时刻的影响长度（m）	4729	4163	3918
最大拥堵延误（veh·Δt）	298	282	281	最大影响长度（m）	5115	4462	4063
拥堵延误最大的时刻（Δt）	434	415	410	影响长度最大的时刻（Δt）	426	413	401
恢复事发前水平的时刻（Δt）	641	595	553	恢复事发前水平的时刻（Δt）	632	581	542

本章首先结合 ECTM 模型，提出了交通事件影响评价指标体系，还依据普通城市道路的交通特性，构建了普通城市道路交通事件影响范围预测模型（ECTM-R），并对此模型进行了参数标定及实例验证。此外，基于此模型及评

价指标体系，与已有模型进行了对比分析，并针对选取的主要因素，对事件影响范围进行了影响分析，为后续的疏导策略分析提供了理论基础。本章的研究工作具体包括以下几部分：

（1）为了明确描述交通事件的影响，提出了事件影响长度的概念，并选择了路段行程时间、平均拥堵延误及平均行程速度等指标共同构建了交通事件影响评价指标体系。

（2）依据交通运行特征，提出将元胞划分为两种类型：混行元胞及渠化元胞。在提出基本模型假设的基础上，依据两种元胞的不同连接方式，构建了 ECTM-R 模型。ECTM-R 模型主要由流量传输模型与交通守恒模型两部分组成。其中，流量传输模型通过综合考虑交叉口的渠化、信号配时及道路开口对交通流的影响，避免了 CTM 模型中对节点的简单处理，真实反映了不同连接方式的元胞之间的流量传输方式。

（3）提出了自由流速度、非瓶颈路段通行能力、瓶颈路段通行能力、激波速度及阻塞密度五个模型参数的标定方法，并选取南京市主城区局部路网的实测数据进行了参数标定，实现了对普通城市道路事件影响范围预测模型（ECTM-R）的验证分析。结果表明，仿真数据的变化趋势与实测数据较为吻合，且误差均在可接受范围内。另外，为了进一步验证 ECTM-R 模型的准确性，应用 SCTM 模型进行仿真分析，并与 ECTM-R 模型的仿真结果进行对比分析，结果表明 ECTM-R 模型的准确性更高。

（4）针对事发位置、渠化区流向划分比例及渠化区长度三个因素，基于 ECTM-R 模型，分别对不同因素状态下事件影响评价指标的变化情况进行仿真分析。仿真结果表明，当事件发生在渠化区内时，拥堵延误及事件影响长度的增长相对较快，而拥堵消散速度却较慢；道路流量流向比与渠化区划分比例相等时，事件清除后拥堵消散的速度最快，当渠化区无法达到均衡分配时，适当减小直行流向的划分比例，更有利于拥堵消散；渠化区长度的增加，会导致事件影响范围的增大及拥堵消散速度的下降。

第四章

城市快速路交通事件影响分析

由于快速路全封闭的道路条件及车速较高的交通流特性,造成其与普通城市道路的交通运行状态之间存在显著性差异,故上一章的研究成果并不适用于快速路的事件影响范围预测研究。因此,本章将结合快速路的交通流状态及路网结构的特点,基于 ECTM 模型,构建快速路交通事件影响范围预测模型,并依据选定的评价指标及主要影响因素,对快速路下的交通拥堵扩散进行影响分析。此外,通过仿真分析的方法,对城市快速路与普通城市道路的交通事件影响进行对比分析。

第一节 快速路交通事件影响范围预测模型

目前,快速路在城市道路交通系统中承担了越来越多的出行量,交通事件的发生频率也日渐增高。为了更加有效地进行事件控制与管理,对快速路交通事件影响范围进行预测是尤为必要的。因此,本章在提出基本模型假设的前提下,结合 ECTM 模型,基于交通流亚稳态现象及快速路路网结构,构建快速路交通事件影响范围预测模型(ECTM-F)。在此基础上,提出模型参数的标定方法,并结合实测数据,验证该模型的有效性。

一、模型假设

为了便于采用 ECTM 模型分析交通事件对城市快速路交通流的影响,并简化该研究问题，本书对快速路交通事件影响范围预测模型（ECTM-F）提出以下基本假设：

（1）不考虑快速路匝道具有信号控制的情况，且匝道车流行驶的优先权始终低于主路车流的优先权。

（2）任何起讫点之间的流量均为恒定，并且每个出行者的出行路径均为在日常出行中所形成的固定路径，即使在发生拥堵的情况下，如果没有相应的疏导措施，出行者也不会改变其原始的出行路径。

二、模型构建

1. 路段模型

在原始 CTM 模型中，假定道路交通流量与交通密度之间的关系满足如图2-1 所示的梯形基本图，并不考虑亚稳态现象的存在。然而，依据现有的实测数据[1][2]，对于城市快速路而言，亚稳态现象却是交通流运行中所出现的一个极为典型的现象。图 4-1 所示的是由北京市二环路某路段为时一周的实测数据所描绘出的交通流量 – 密度关系图。

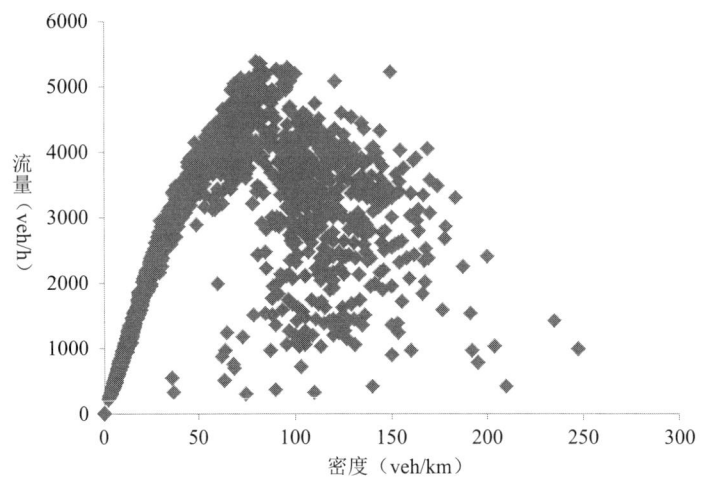

图 4-1　北京市二环路某路段流量 – 密度散点图

---

[1] 孙煦，陆化普，吴娟. 北京市快速路速度 – 流量 – 密度关系研究[J]. 公路工程，2012（1）：43-48.

[2] 吴胜春，郑贤清，郭明. 国内典型大城市快速路交通流实测[J]. 中国科学：物理学，2011（6）：791-800.

由图中可以看出，依据基本图（图2-1）的走势可将其划分为左右两个分支，其中左边的分支为自由流区，右边的分支为拥挤流区。图中自由流区与拥挤流区的交汇处存在重叠区域，并非是完全孤立的，而处于这个区域内的车辆可能是处于自由流状态，也可能是处于拥挤流状态，这种在短时间内出现的不稳定状态即称为亚稳态，而这部分区域即为亚稳态区。

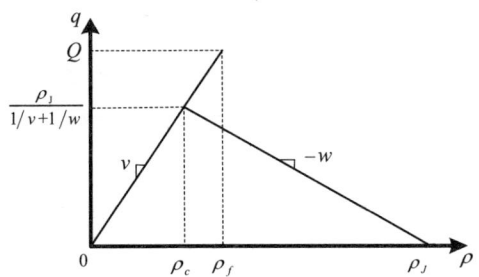

图4-2 考虑亚稳态现象的流量-密度基本图

普通城市道路由于受信号控制的影响，高流量的部分被消除，整体处于低流量的状态，基本不存在亚稳态的现象，因此图2-1所示的梯形基本图基本符合普通城市道路的交通流运行状态。而对于城市快速路而言，亚稳态则是其在交通流实测中所呈现的一种典型现象。因此，为了降低模型在描述交通流时所产生的误差，尽可能地实现交通流在快速路上的实际运行状态，本书假定在快速路的交通事件影响范围预测模型中，道路交通流量与交通密度之间的关系满足考虑亚稳态现象的流量-密度基本图，如图4-2所示。

为了提高模型的准确性及可靠性，本书拟基于ECTM模型，在模型中模拟亚稳态区域的交通流状态。依据如图4-2所示的流量-密度基本图，可将快速路影响范围预测模型中的路段模型描述如下。

由图4-2可得，当元胞密度分别为 ρ_c 及 ρ_f 时，流量与密度的关系式如下所示：

$$\begin{cases} \dfrac{\rho_J}{1/v + 1/w} = w(\rho_J - \rho_c) = v\rho_c \\ Q = v\rho_f \end{cases} \quad (4.1)$$

其中，ρ_c 为拥挤流向自由流转变的车流密度，ρ_f 为自由流向拥挤流转变的车流密度。

由上式可得 ρ_c、ρ_f 的表达式如下：

$$\begin{cases} \rho_c = \dfrac{\rho_J w}{v+w} \\ \rho_f = \dfrac{Q}{v} \end{cases} \quad (4.2)$$

元胞 i 的交通流状态同样可由元胞密度 ρ_i 与临界密度进行对比判断得到：当 $\rho_i < \rho_c$ 时，元胞 i 则处于自由流状态；当 $\rho_c \leqslant \rho_i < \rho_f$ 时，元胞 i 则处于亚稳态；当 $\rho_i \geqslant \rho_f$ 时，元胞 i 则处于拥挤流状态。其中，拥挤流状态可细分为以下几个等级：当 $\rho_f \leqslant \rho_i < 0.5\rho_J$ 时，则元胞 i 处于轻度拥挤状态，此状态下的交通流运行效率会受到轻度影响；若 $0.5\rho_J \leqslant \rho_i < 0.7\rho_J$，则元胞 i 处于中度拥堵状态，此状态下的交通流运行效率会受到较大影响；若 $0.7\rho_J \leqslant \rho_i < \rho_J$，则元胞 i 处于重度拥堵状态，此状态下的交通流运行效率会受到显著影响；若 $\rho_i \geqslant \rho_J$，则元胞 i 处于阻塞排队状态。

此时，将 $Z_i(k)$ 定义为第 k 个时段元胞 i 的车流状态，当 $Z_i(k)=0$ 时，表示第 k 个时段元胞 i 的车流为自由流；当 $Z_i(k)=1$ 时，表示第 k 个时段元胞 i 的车流为拥挤流；当 $Z_i(k)=Z_i(k-1)$ 时，表示第 k 个时段元胞 i 的车流处于亚稳态。由此即可得状态方程如下：

$$Z_i(k) = \begin{cases} 0, & \rho \leqslant \rho_c \\ 1, & \rho \geqslant \rho_f \\ Z_i(k-1), & \rho_c < \rho < \rho_f \end{cases} \quad (4.3)$$

此时，引入上述状态方程，可将第 k 个时段元胞 i-1 的发送函数及第 k 个时段元胞 i 的接受函数表示如下：

$$S_{i-1}(k) = \min\left[v_{i-1}\rho_{i-1}(k)\Delta t, Q_{i-1}\right] \quad (4.4)$$

$$R_i(k) = [1-Z_i(k)]Q_i + Z_i(k)w_i[\rho_J - \rho_i(k)]\Delta t \quad (4.5)$$

另外，第 k 个时段驶入元胞 i 的车辆数的一般表达式可描述如下：

$$y_i(k) = q_i(k)\Delta t = \min[S_{i-1}(k), R_i(k)] \quad (4.6)$$

于是，式 4.3、4.4、4.5、4.6 就共同构成了考虑亚稳态的情况下快速路影响范围预测模型中的路段模型。

此时,针对起始元胞,边界条件设定如下:

$$y_1(k) = R_1(k) = D_1(k) \tag{4.7}$$

$$n_0(1) = \sum_{k \in T} D_1(k) \tag{4.8}$$

其中,$D_1(k)$ 为第 k 个时段起始元胞的交通需求,此值依据具体交通状况进行标定;$n_0(1)$ 为起始元胞之前的虚拟元胞在初始时刻所容纳的车辆数。由式 4.7 可知,第 k 个时段驶入起始元胞的流量 $y_1(k)$ 与起始元胞的允许流入量 $R_1(k)$ 均由此时起始元胞的交通需求来确定。由式 4.8 可知,在初始时刻,起始元胞之前的虚拟元胞的容纳量由研究时段 T 内的总需求决定,并随着时间的推移逐渐转移至起始元胞。

而针对末端元胞,边界条件则设定如下:

$$y_m(k) = S_m(k) \tag{4.9}$$

$$n_{m+1}(T) = \sum_{k \in T} y_m(k) \tag{4.10}$$

其中,$y_m(k)$ 为第 k 个时段驶出末端元胞的流量,$S_m(k)$ 为末端元胞的允许流出量,$n_{m+1}(T)$ 为末端元胞之后的虚拟元胞在终点时刻所容纳的车辆数。

当交通事件发生后,事发路段所在元胞的通行能力、阻塞密度、临界密度、激波速度将会发生一定程度的折减,由原本的 Q、P_J、P_c、P_f、w 转变为 Q'、P'_J、P'_c、P'_f、w',如图 4-3 所示。在事件被完全清除之后,这些特征参数将恢复到事发前水平。这些参数的折减方式将在下节中详细描述。

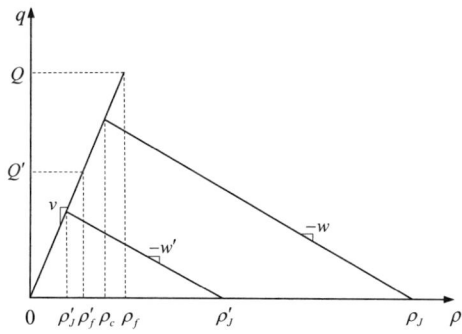

图 4-3 受交通事件影响的流量 – 密度图

2. 节点模型

根据快速路道路交通条件的特性，可基于 ECTM 的节点模型，将快速路影响范围预测模型中的节点模型描述如下。

依据路段衔接方式，节点模型同样可被划分成普通节点模型、合流节点模型、分流节点模型三种类型。

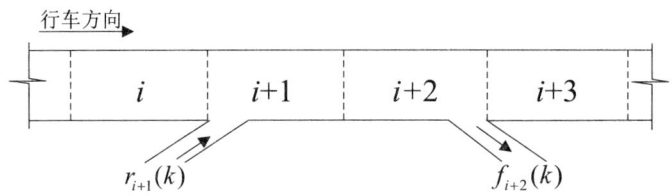

图 4-4　节点模型示意图

（1）普通节点模型

若两相邻元胞的连接方式为如图 4-4 中元胞 $i+1$ 和 $i+2$ 所示的简单连接，它们之间没有出入口匝道的干预，其模型表达式则与上文所述路段模型类似（见式 4.3 至式 4.6），此处便不再赘述。

（2）合流节点模型

若两相邻元胞之间存在入口匝道汇入，其连接方式如图 4-4 中元胞 i 和 $i+1$ 所示，即为合流连接。此时模型可以分为以下两种情况：一是下游元胞能否接收来自上游元胞及入口匝道的所有流量；二是来自上游元胞及入口匝道的所有流量超出了下游元胞的可接受水平。依据这两种情形，由上游主线元胞 i 进入元胞 $i+1$ 的流量 $y_{i+1}(k)$ 则可表示为：

$$y_{i+1}(k)=\begin{cases} S_i(k) & S_i(k)+r_{m,i+1}(k) \leqslant R_{i+1}(k) \\ \min\left[S_i(k),\ R_{i+1}(k)\right] & S_i(k)+r_{m,i+1}(k) > R_{i+1}(k) \end{cases} \quad (4.11)$$

式中，$r_{m,i+1}(k)$ 为入口匝道 $i+1$ 的实测流量。

而由入口匝道驶入元胞 $i+1$ 的实际流量 $r_{i+1}(k)$ 则可表示为：

$$r_{i+1}(k)=\begin{cases} r_{m,i+1}(k) & S_i(k)+r_{m,i+1}(k) \leqslant R_{i+1}(k) \\ R_{i+1}(k)-y_{i+1}(k) & S_i(k)+r_{m,i+1}(k) > R_{i+1}(k) \end{cases} \quad (4.12)$$

因此，进入元胞 $i+1$ 的总流量 $y_{i+1,in}(k)$ 则可表示为：

$$y_{i+1,in}(k) = y_{i+1}(k) + r_{i+1}(k) \quad (4.13)$$

（3）分流节点模型

若两相邻元胞之间存在出口匝道，其连接方式如图 4-4 中元胞 $i+2$ 和 $i+3$ 所示，即为分流连接。此时假定每个出口匝道均有无限容量，则将驶出元胞 $i+2$ 的总流量 $y_{i+2,out}(k)$ 可表示为：

$$y_{i+2,out}(k) = \min\left(S_{i+2}(k), \frac{R_{i+3}(k)}{1-\beta_{i+2}(k)}\right) \quad (4.14)$$

式中，$\beta_{i+2}(k)$ 为出口匝道 $i+2$ 的分流比。

其中，由出口匝道驶出主线的流量可表示为：

$$f_{i+2}(k) = \beta_{i+2}(k) y_{i+2,out}(k) \quad (4.15)$$

而由元胞 $i+2$ 驶入下游元胞 $i+3$ 的流量可表示为：

$$y_{i+3}(k) = \left[1 - \beta_{i+2}(k)\right] y_{i+2,out}(k) \quad (4.16)$$

由上述两式可得：$y_{i,out}(k) = y_{i+1}(k) + f_i(k)$

采用快速路交通事件影响范围预测模型（ECTM-F），可对快速路网络交通流的传播进行模拟，并得到车辆出行的详细信息，进而对交通事件影响评价指标进行估算，最终分析得出某交通事件对城市快速路带来的影响。

第二节 实例验证

一、模型参数标定

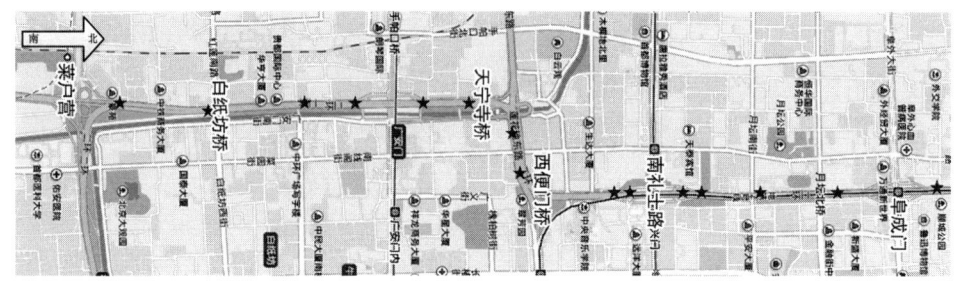

图 4-5 研究路段示意图

为了实现对上文所构建模型的参数标定，并出于数据完整性、研究目标等方面的考虑，本书选取了北京市具有代表性的快速路特征路段作为研究对象。如图 4-5 所示，此路段为西二环中由菜户营桥至阜成门桥之间的一段，全长为 6508 米，行车方向为由南向北。图中星号所标示的为微波检测器所处的位置。

为了便于利用所建模型对交通事件的影响范围进行预测分析，可将此路段简化为一元胞划分示意图，如图 4-6 所示。依据车道数、微波检测器及上下匝道所处的位置等因素，可将所选路段划分为 20 个元胞，元胞内的数字即为元胞编号。元胞上最顶层的数字代表的是元胞内路段的车道数，元胞上底层的数字代表的是各个元胞的长度，单位为米（m）。元胞下的数字表示的是各个微波检测器的位置编号。元胞下各个箭头所处位置即为匝道所在位置，箭头朝下的为出口匝道，箭头朝上的为入口匝道。

在 ECTM 模型中，元胞划分还需满足一个重要条件：元胞长度必须超过单位时间内处于自由流状态下的车辆的出行距离，即：$l_i \geqslant v_i \Delta t$（时间步长设定为 5s，自由流速度如下文所述进行标定）。若初步划分的元胞不满足上述条件，则需从这些元胞的下游元胞中适当划分部分路段分别归入各个元胞中，或是直接与其各自的相邻元胞合并。

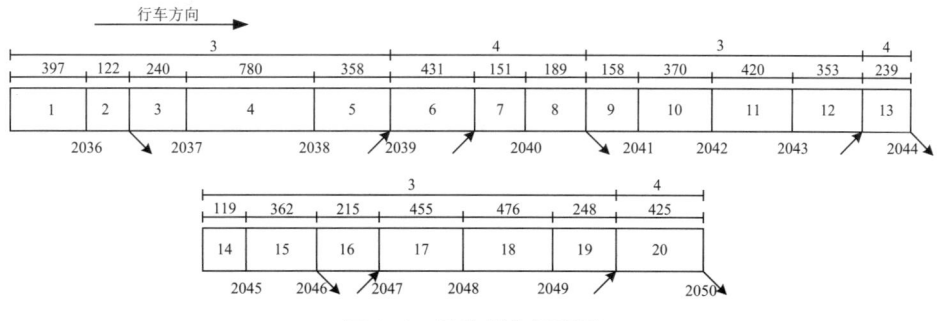

图 4-6 元胞划分示意图

本书研究的数据主要来源于快速路上的微波车辆检测器（RTMS）所采集的数据及人工调查所获取的数据。其中，用于本研究的 RTMS 数据主要包括各个监测器的流量、速度及占有率值，这些数据均为时间间隔是 5min 的连续 24h 数据。另外，由于检测器故障等原因造成的数据缺失，则由人工调查的数据或历史数据来补充。依据所收集的数据，下面对包括自由流速度、非瓶颈路段通行能力、瓶颈路段通行能力、激波速度、阻塞密度在内的五个参数进行标定。

1. 自由流速度

自由流速度是指交通密度趋于零时交通流的理论速度，即不受其他车辆干扰时的行驶速度。根据定义，本书利用研究路段某元胞一周内的 RTMS 实测数据得出速度与密度的散点图，如图 4-7 所示。从图中可以明显看出，速度与密度之间总体呈线性关系：当密度减小时，速度呈增长趋势。从图中可以看出，此关系曲线与 Greenshields 模型比较吻合。因此，依据模型式 $v = v_f(1 - \dfrac{\rho}{\rho_J})$，并通过数据拟合即可得到当密度趋于 0 时，研究路段内的速度值处于 70km/h 至 80km/h 的范围内。因此，本书研究路段的自由流速度的取值范围是 70km/h 至 80km/h。

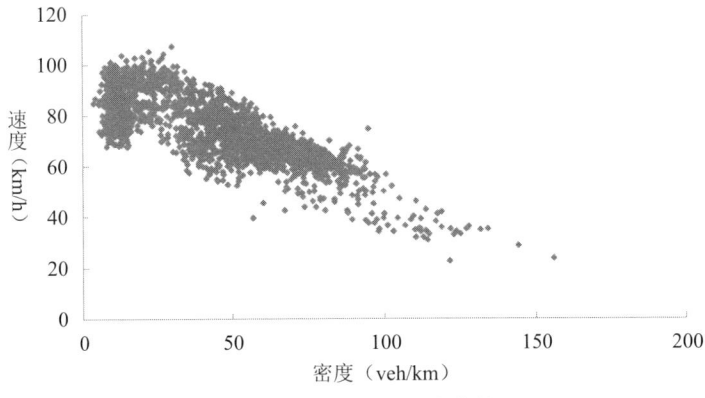

图 4-7　研究路段速度 – 密度关系图

2. 非瓶颈路段通行能力

非瓶颈路段的通行能力是指离开或进入某非瓶颈路段时所能达到的最大流量。但是由于这个流量值在实际情况下是很难达到的，因此如果直接将检测器的最大实测流量设置为此路段的通行能力是不合理的。此时，采用研究路段某元胞单车道一周内的 RTMS 实测数据作出流量与速度的散点图，如图 4-8 所示。从图中可以明显看出，速度与流量的关系曲线与经典的 Greenshields 模型较为吻合。因此，依据模型式 $Q = \rho_J(v - \dfrac{v^2}{v_i})$，当速度等于 $\dfrac{1}{2}v_i$ 时，流量（通行能力）可达到最大值。

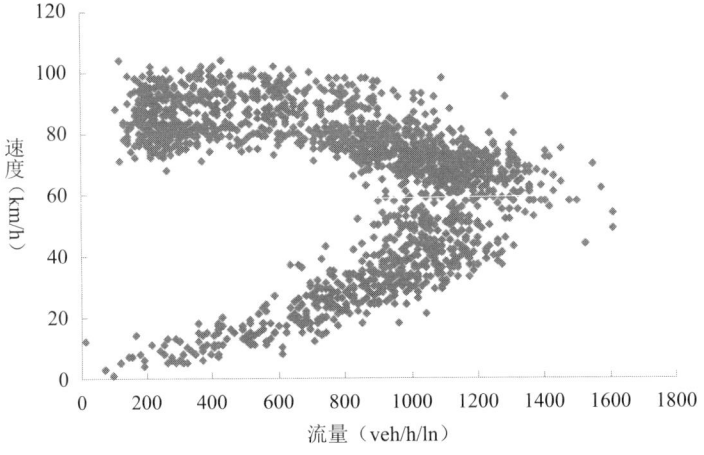

图 4-8　研究路段单车道流量 – 速度关系图

由于研究路段内各元胞的通行能力不尽相同，因此通过实测数据拟合得出研究路段的单车道通行能力的取值范围为1700veh/h至2200veh/h。另外，当实测数据发生缺失或错漏时，一般应选取大于2000veh/h的通行能力值，以避免在仿真过程中出现一些不必要的瓶颈。

3. 瓶颈路段通行能力

瓶颈路段是指容易引发交通堵塞传播或蔓延的路段。根据瓶颈路段产生原因的确定性与不确定性，可划分为固定交通瓶颈和动态交通瓶颈。固定交通瓶颈是指常发性拥堵的发生路段，因此具有一定的可预见性；而动态交通瓶颈则是指偶发性拥堵的发生路段，其主要是由交通事件突发、交通需求突增等不确定原因所引起的，具有较强的可变性，因此只在短时期内呈现一定的规律性。

由于瓶颈的产生，路段通行能力则需要进行一定程度的折减。固定瓶颈路段的通行能力折减系数可以采用实测的历史数据，通过间隔统计模型标定得出。动态瓶颈路段折减后的通行能力，其标定过程如下：以图4-9为例，在元胞 i 与元胞 $i+1$ 之间发生一起交通事件，产生动态瓶颈，导致上游元胞发生拥堵，而下游元胞仍处于自由流状态。此时，假定第 k 时段内进入元胞 i 的流量为 $w_i\left[\rho_{J,i}-\rho_i(k)\right]\Delta t$，进入元胞 $i+1$ 的总流量为 Q'_{i+1}（元胞 $i+1$ 折减后的通行能力），离开元胞 $i+1$ 的总流量为 $v_{i+1}\rho_{i+1}(k)$，而且从入口匝道驶入元胞 $i+1$ 的实测流量 $r_{m,i+1}(k)$ 小于元胞 $i+1$ 所能容纳的最大流量 $R_{i+1}(k)$。结合ECTM模型，可将元胞 i 和元胞 $i+1$ 的密度表达式分别描述如下：

$$\rho_i(k+1)=\rho_i(k)+\frac{\Delta t}{l_i}\left\{w_i\left[\rho_{J,i}-\rho_i(k)\right]-\left[Q'_{i+1}-r_{i+1}(k)\right]\right\} \quad (4.17)$$

$$\rho_{i+1}(k+1)=\rho_{i+1}(k)+\frac{\Delta t}{l_i}\left[Q'_{i+1}-v_{i+1}\rho_{i+1}(k)\right] \quad (4.18)$$

进入元胞 $i+1$ 的总流量 $Q'_{i+1}=y_{i+1}(k)+r_{i+1}(k)$，其中 $y_{i+1}(k)$ 为第 k 时段内从主路上元胞 i 进入元胞 $i+1$ 的流量，$r_{i+1}(k)$ 为第 k 时段内从匝道 $i+1$ 进入元胞 $i+1$ 的流量。采用已有的 $y_{i+1}(k)$ 与 $r_{i+1}(k)$ 的实测值，可以通过下式对瓶颈路段通行能力 Q'_{i+1} 进行标定：

$$Q'_{i+1}=mean_{k\in K_M}\left[y_{i+1}(k)+r_{i+1}(k)\right] \quad (4.19)$$

式中，K_M 是指交通事件发生后至 $\arg\max\left[y_{i+1}(k)+r_{i+1}(k)\right]$ 的这段时间集合。其中，$\arg\max\left[y_{i+1}(k)+r_{i+1}(k)\right]$ 是指函数 $y_{i+1}(k)+r_{i+1}(k)$ 达到最大值时所对应的时刻。

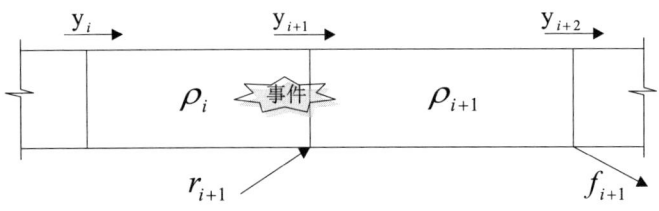

图 4-9　动态瓶颈路段示意图

4. 激波速度及阻塞密度

本书通过研究流量与密度之间的关系，采用约束最小二乘法对激波速度 w_i 及阻塞密度 $\rho_{J,i}$ 两个参数进行标定。首先，采用检测器实测的流量 – 速度值，通过下式得出元胞 j 的临界密度值：

$$\rho_{f,j}=\frac{\max_k\left[q_j(k)\right]}{v_j} \quad (4.20)$$

式中，$q_j(k)$ 为元胞 j 在 $(k, k+1)$ 时段的实测流量。

由于在此标定过程中只需使用拥堵状态下的流量 – 密度数据组，因此本书将密度超过临界值 $\left[\rho_j(k)>\rho_{f,j}\right]$ 的数据组全部筛选出来作标定之用，并令其对应的 k 值组成时间集 K_N，且 $K_N=\{k_1,\cdots,k_n\}$。同时，依据最小二乘法，令 $[w_j \quad w_j\rho_{J,j}]^T$ 作为下式的解：

$$X_j[w_j \quad w_j\rho_{J,j}]^T=Y_j \quad (4.21)$$

式中，$X_j^T=\begin{bmatrix}-\rho_j(k_1) & \cdots & -\rho_j(k_N)\\ 1 & \cdots & 1\end{bmatrix}$，$Y_j=\begin{bmatrix}q_j(k_1)+\dfrac{l_j}{\Delta t}\left[\rho_j(k_1+1)-\rho_j(k_1)\right]\\ \vdots\\ q_j(k_n)+\dfrac{l_j}{\Delta t}\Delta\rho_j\left[\rho_j(k_n+1)-\rho_j(k_n)\right]\end{bmatrix}$。

上式中的 Y_j 与 X_j 两个变量应呈线性关系，且应避免元胞 j 的最大可能流量高于该元胞的通行能力 Q_j，即应受限于约束条件：

$$\frac{v_j w_j \rho_{J,j}}{v_j + w_j} \leqslant Q_j \quad (4.22)$$

当某元胞估算出来的参数失真时，应选取相邻下游元胞的参数值来替代。通过以上方法进行估算得出研究路段的激波速度 w_i 的取值范围为 20km/h 至 25km/h，阻塞密度 $\rho_{J,i}$ 的取值范围为 88veh/km/ln 至 105veh/km/ln。另外，由于发生交通事件而折减的激波速度及阻塞密度同样可以依据上述方法进行标定，不过应避免元胞 j 折减后的最大可能流量高于折减后的通行能力 Q'_j，即受限于约束条件：

$$\frac{v_j w'_j \rho'_{J,j}}{v_j + w'_j} \leqslant Q'_j \quad (4.23)$$

二、结果分析

根据实测数据可得，2012 年 5 月 29 日 10：23 于北京市西二环的复兴门桥附近由南向北方向的内侧车道上发生了一起车辆追尾事故。事件发生位置约在检测器 2048 上游约 300m 处，并占用了一条内侧车道。该事件造成的最大事件影响长度为 2576m，救援到达时间为 10：38，事件清除时间截止于 11：10，并于 11：45 恢复正常运行状态，即事件持续时间为 80min。

图 4-10 为事件发生所处时段 10：20~11：55AM 的实测密度等势图。图中，最左侧为交通事件影响时段内时间间隔为 5 分钟的时点，最上方为研究路段内各个微波检测器的位置编号，中间标识的是在不同时点各个检测器的实测密度值（单位：veh/km/ln）。其中，密度值处于（$0 \leqslant \rho_i < \rho_{if}$）范围内的路段为正常运行状态，底纹标记为白色；密度值处于（$\rho_{if} \leqslant \rho_i < 0.5\rho_{iJ}$）范围内的路段处于轻度拥堵状态，底纹标记为斜线；密度值处于（$0.5\rho_{iJ} \leqslant \rho_i < 0.7\rho_{iJ}$）范围内的路段处于中度拥堵状态，底纹标记为浅灰色；密度值处于（$\rho_i \geqslant 0.7\rho_{iJ}$）范围内的路段处于重度拥堵以上级别的状态，底纹标记为深灰色。

时刻	2036	2037	2038	2039	2040	2041	2042	2043	2044	2045	2046	2047	2048	2049	2050
10:20	26	29	32	28	35	35	27	33	28	29	35	37	32	28	38
10:25	25	31	31	28	36	33	30	35	31	32	63	83	53	28	38
10:30	29	32	30	27	33	37	33	33	46	58	84	95	54	31	38
10:35	25	31	31	31	36	36	32	46	62	67	84	97	59	31	42
10:40	28	33	39	28	36	35	45	55	80	80	96	103	49	30	41
10:45	25	32	32	28	35	42	56	76	76	81	97	103	48	31	36
10:50	24	32	37	27	36	52	73	84	81	84	100	107	49	31	38
10:55	30	31	33	52	74	85	74	92	83	87	102	114	53	31	42
11:00	29	45	46	51	76	81	76	109	87	92	102	119	48	30	36
11:05	29	35	56	52	55	89	79	110	101	105	108	121	44	35	39
11:10	32	39	70	40	81	67	80	113	94	96	122	122	37	35	36
11:15	32	34	35	33	52	52	60	79	76	76	74	71	50	47	39
11:20	33	33	43	32	52	53	50	60	70	67	73	58	55	46	41
11:25	32	33	35	28	35	41	51	52	47	50	60	51	53	38	38
11:30	29	32	31	30	35	36	35	51	41	44	54	51	52	42	38
11:35	29	32	30	32	33	33	38	35	39	33	44	48	50	41	36
11:40	28	31	29	26	36	36	32	36	32	32	43	34	44	39	38
11:45	29	29	31	28	35	35	31	36	33	29	35	33	39	41	39
11:50	29	34	32	25	32	31	26	33	31	25	30	36	34	36	38
11:55	28	28	26	23	29	31	27	27	23	26	33	34	30	34	38

图 4-10 研究路段实测密度等势图

依据上节提出的模型参数的取值范围及标定方法,结合研究选取路段的交通实测数据,可将该路段各元胞对应的自由流速度、通行能力、激波速度及阻塞密度等主要参数进行标定(如图 4-11 所示)。

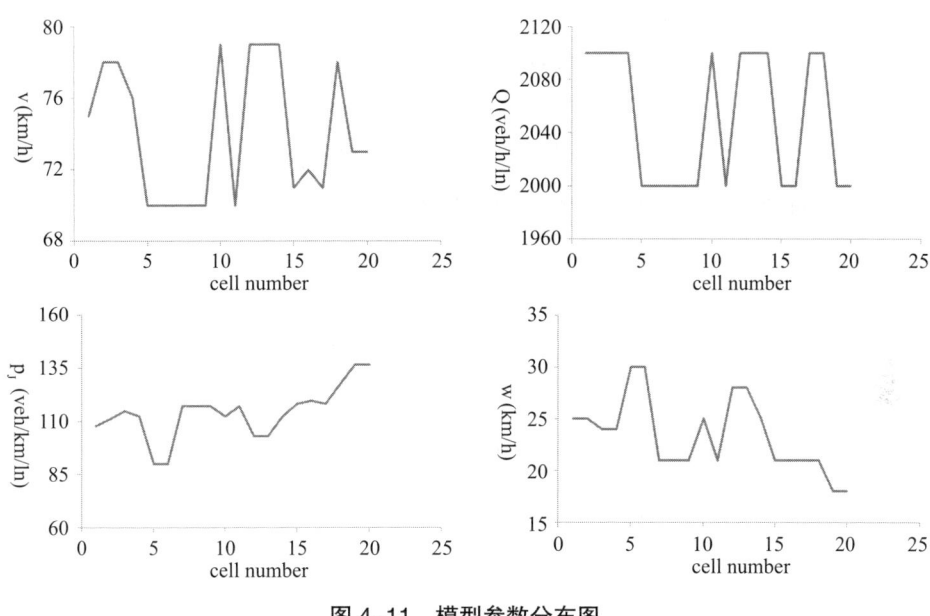

图 4-11　模型参数分布图

根据事件数据可知,事件发生位置处于第 17 个元胞的中间位置,因而可将此元胞划分为两部分,其中上游的事件影响段长度 l_{17}' 为 155m,下游的路段长度 l_{17}'' 为 300m。而由于单位时间内车辆自由走行的距离 $v\Delta t$ 为 114m,明显满足 $l_{17}' \geqslant v\Delta t$ 及 $l_{17}'' \geqslant v\Delta t$ 的条件,因此可将这两部分路段分别单独设置为一个新的元胞,具体划分方式如图 4-12 所示。

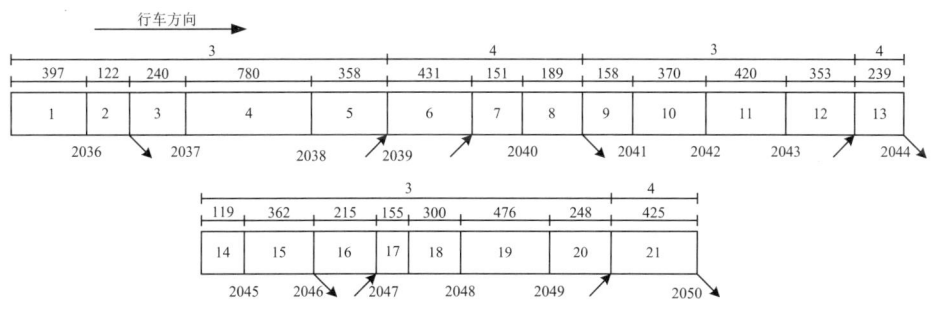

图 4-12　基于事件位置的元胞划分示意图

另外，由于受到交通事件的影响，事发路段所处的第 17 个元胞的主要特征参数均发生了一定程度的折减，此元胞的流量－密度关系如图 4-13 所示。由图可知，在正常交通状态下，此元胞的通行能力 Q 为 6300veh/h，拥挤流向自由流转变的车流密度 ρ_c 为 75veh/km，自由流向拥挤流转变的车流密度 ρ_f 为 89veh/km，阻塞密度 ρ_J 为 356veh/km，自由流速度为 71km/h，激波速度为 18.95km/h。在上述事件的影响下，此元胞的通行能力 Q' 折减为原有通行能力 Q 的 49%，为 3087veh/h，拥挤流向自由流转变的车流密度 ρ_c' 折减为 35veh/km，自由流向拥挤流转变的车流密度 ρ_f' 折减为 44veh/km，阻塞密度 ρ_J' 折减为 173veh/km，激波速度则折减为 18km/h。

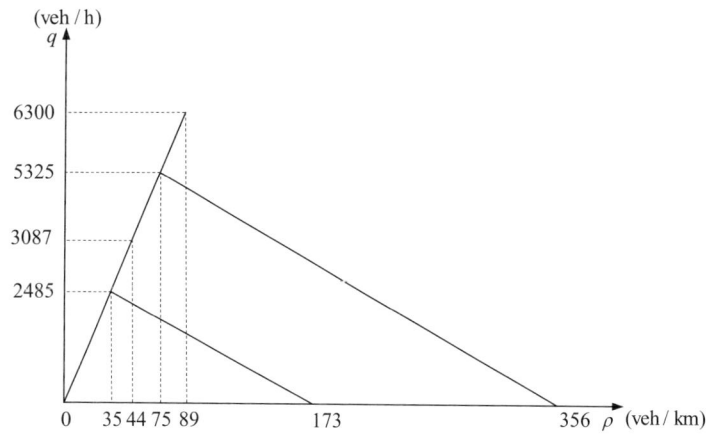

图 4-13　事发路段流量－密度关系图

结合以上标定的模型参数，以研究区域内的流量为依据，仿真加载路网中的交通流量。由于初始时刻路网中流量为零，需要加载一段时间的周期性交通需求，使得网络交通流趋于稳定。在此基础上，采用快速路交通事件影响范围预测模型（ECTM-F）仿真模拟交通事件发生后交通流的运行状态，并对此模型进行验证。为了降低仿真的随机误差，本书选择 10 次仿真的平均值作为仿真的最终结果，并依据最终得出的仿真密度值绘制出密度等势图（如图 4-14 所示），将其与实测密度等势图进行对比可以发现，两者的变化趋势近乎一致。

时刻	2036	2037	2038	2039	2040	2041	2042	2043	2044	2045	2046	2047	2048	2049	2050
10:20	24	24	27	25	32	31	25	30	26	26	31	38	34	27	36
10:25	24	27	30	25	33	33	26	32	29	31	60	77	48	28	36
10:30	24	27	30	26	33	35	29	36	31	51	79	90	49	28	38
10:35	25	29	32	27	33	36	35	51	44	74	89	109	53	30	38
10:40	25	29	32	27	35	35	33	57	52	83	103	107	53	31	38
10:45	25	32	32	27	35	55	33	83	59	84	103	116	54	31	38
10:50	26	33	32	27	36	53	48	94	83	86	107	118	56	31	39
10:55	29	33	33	28	78	58	73	95	84	94	107	128	57	31	39
11:00	29	34	33	28	74	76	76	105	89	94	112	131	47	32	39
11:05	30	34	58	46	67	77	89	117	89	98	117	130	47	32	39
11:10	30	43	51	44	55	104	89	121	85	87	134	135	42	34	41
11:15	29	39	48	40	40	56	60	86	80	84	82	65	56	58	41
11:20	28	34	42	39	38	57	55	64	72	75	81	56	58	55	41
11:25	28	32	35	28	36	42	50	56	63	67	63	55	56	54	41
11:30	28	32	30	28	35	37	40	52	48	49	50	44	55	53	39
11:35	26	29	30	26	35	33	30	38	40	44	39	44	54	53	39
11:40	26	27	29	26	32	33	27	37	25	30	38	38	42	50	38
11:45	25	26	27	25	31	32	27	35	23	27	36	34	37	47	38
11:50	25	26	27	23	31	32	25	34	22	25	31	31	33	36	38
11:55	25	24	23	20	29	31	25	31	20	24	32	31	29	36	36

图 4-14 研究路段仿真密度等势图

为了进一步验证 ECTM-F 模型的准确性，仍选择 Sumalee 等构建的 SCTM 模型对研究区域内的交通流状态进行模拟，并与 ECTM-F 模型的仿真结果进行对比分析。此时，从研究区域内选取具有代表性的元胞（对应的微波检测器位置编号为：2043、2046、2047 及 2048），作出事件发生所处时段 10：20~11：55AM（95min）内的实测与模型仿真密度对比图（如图 4–15 所示）。其中，检测器 2043 处于简单连接的两个元胞之间，检测器 2046 处于分流连接的两个元胞之间，检测器 2047 处于合流连接的两个元胞之间，检测器 2048 则处于事发路段所在元胞的下游。对比图中的三组曲线可以看出，分别应用 ECTM-F 模型及 SCTM 模型得出的仿真密度值与实测密度值均比较接近，且变化趋势也基本一致。

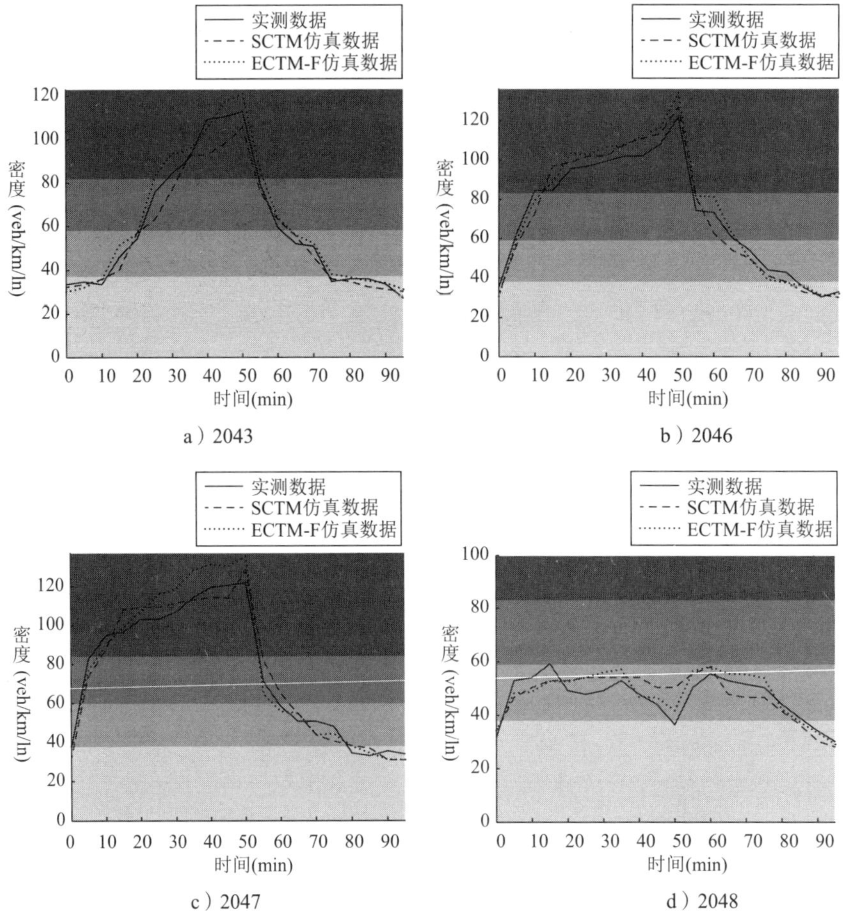

a）2043　b）2046　c）2047　d）2048

图 4–15　实测与仿真密度对比图

表 4-1 为两组仿真数据与实测数据之间的相对误差平均值及标准差。由表中的对比数据可以看出，ECTM-F 模型仿真数据的平均误差处于 7%~9% 的范围内，SCTM 模型仿真数据的平均误差处于 7%~10% 的范围内，且 ECTM-F 模型所得的各个元胞的平均误差值均要小于 SCTM 模型。另外，对比表中的两组标准差数据，同样可以看出，应用 ECTM-F 模型仿真所得的数值较小。上述内容说明，应用 ECTM-F 模型的仿真结果比较稳定，且能够更为准确地获取城市快速路不同时刻的交通流状态参数。

表 4-1 实测-仿真密度误差对比表

位置编号		2043	2046	2047	2048
ECTM-F	平均误差（%）	7.03	7.35	8.27	7.61
	标准差（%）	3.63	3.24	3.35	3.81
SCTM	平均误差（%）	7.71	8.08	9.21	9.38
	标准差（%）	4.11	3.55	4.11	4.62

根据仿真所得的元胞密度值及其他车辆出行参数，可对各项交通事件影响评价指标进行估算，并与实测评价指标值进行对比分析。其中，车辆拥堵的实测扩散范围与仿真扩散范围均蔓延至检测器 2036 与 2037 之间的位置；事件实际持续时间为 80min，而事件仿真持续时间则为 85min，误差为 6.25%。另外，根据前文有关章节中描述的交通事件影响评价指标的计算方法，可以得出在 10：20~11：55AM 时段内，包括最大事件影响长度、总行程时间、平均拥堵延误及平均行程速度在内的主要指标值及其误差值（如表 4-2 所示）。由表中数据可以看出，ECTM-F 模型仿真数据与实际数据中各项指标的误差绝对值处于 5%~7% 的范围内，SCTM 模型仿真数据与实际数据中各项指标的误差绝对值则处于 6%~9% 的范围内，且前者所得的各项指标的误差值均要小于 SCTM 模型。这可以说明，应用 ECTM-F 模型仿真计算的交通事件影响评价指标值较之 SCTM 模型更为准确。

表 4-2 交通事件影响评价指标对比表

评价指标	实际数据	ECTM-R		SCTM	
		仿真数据	误差值（%）	仿真数据	误差值（%）
最大事件影响长度（m）	2576	2727	5.86	2760	7.17
总行程时间（veh.h）	349.38	372.4	6.59	377.37	8.01
平均拥堵延误（s）	129	137	6.2	140	8.23
平均行程速度（km/h）	26.8	25.4	-5.22	24.93	-6.98

由上述内容可知，ECTM-F 模型不仅能清晰地反映出城市快速路在发生交通事件后的拥堵传播状态，并且能够获取较为精确的影响评价指标值，从而验证了该模型的准确性与合理性。

第三节 仿真分析

快速路发生交通事件后，许多因素都将对其引发的拥堵扩散过程产生影响，包括事发时间、事发位置、交通流组成、道路线形等。本节从中选择事发时间、事发位置及事件严重程度三个主要的事件类因素，在交通事件影响范围预测模型的基础上，对交通事件在城市快速路上的拥堵扩散状况进行仿真，并通过仿真分析得出各个影响因素与事件影响范围之间的关系，为制定有效的拥堵疏导策略提供有力的理论支持。

一、仿真参数确定

本节将采用前文构建的预测模型，并选择图 4-6 所示的快速路路段结构作为仿真对象，对交通事件发生后快速路上交通拥堵的传播与消散过程进行模拟。

为便于仿真分析，现将模拟中的模型参数设置如下：

时间步长 Δt：5s；

自由流车速 v：75km/h；

阻塞密度 ρ_J：125veh/km/ln；

向后传播的激波速度 w：20km/h；

单车道通行能力 Q：2025veh/h/ln（约为 3veh/Δt/ln）；

元胞的最小长度 $v\Delta t$：104m。

由于在仿真的初始时刻路网中并没有流量，因此需要对路网加载交通需求一段时间后，至路网运行状态已趋于稳定时，再进行仿真分析。将研究时段设定为 1000 个时段，交通需求设定为 2veh/Δt，假定在第 19 个元胞内距离上游 2049 检测器 125m 的位置发生了一起交通事件。该事件发生于第 20 个时段，并被清除于第 350 个时段，且该事件占用了一条车道，造成事发路段通行能力下降 50%。

二、仿真结果分析

1. 不同事件发生位置下的仿真结果分析

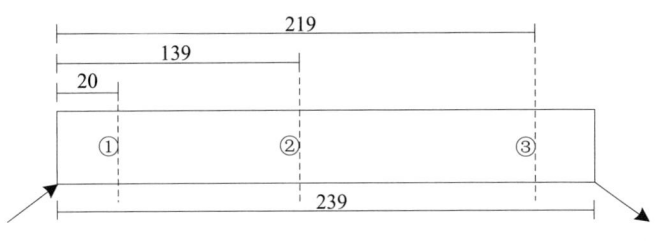

图 4-16 事发位置示意图

为了分析不同的事件发生位置对快速路交通事件影响范围的影响，本书选择了入口匝道与主线的连接处（合流区）、出口匝道与主线的连接处（分流区）及快速路主线三种事发位置作为研究对象。为了便于对比分析，应选择同一元胞的不同位置进行比较。因此，此处选定首末位置分别与出入口匝道连接的第 13 个元胞作为事发路段，并分别对发生于如图 4-16 所示三个位置的交通事件进行影响分析。其中，位置①处于合流区，距元胞上游边界 20m；位置②处于主线车道，距元胞上游边界 139 m；位置③处于分流区，距元胞上游边界 219m。依据这些设置条件，以事件影响长度及拥堵延误作为评价指标，分别对发生于不同位置的交通事件影响状况进行仿真分析。

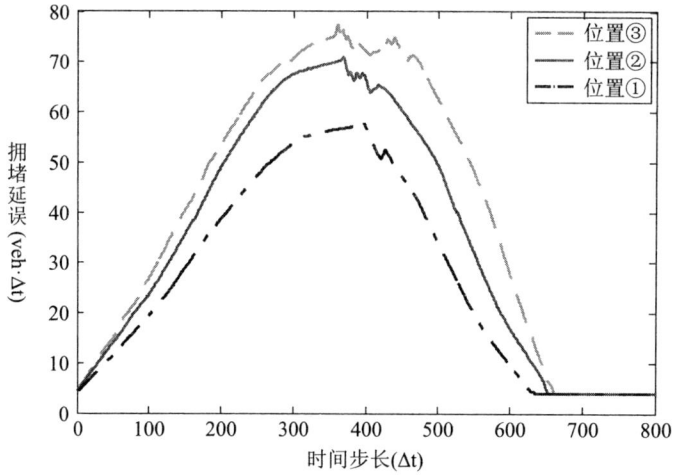

图 4-17　不同事件发生位置下的拥堵延误变化图

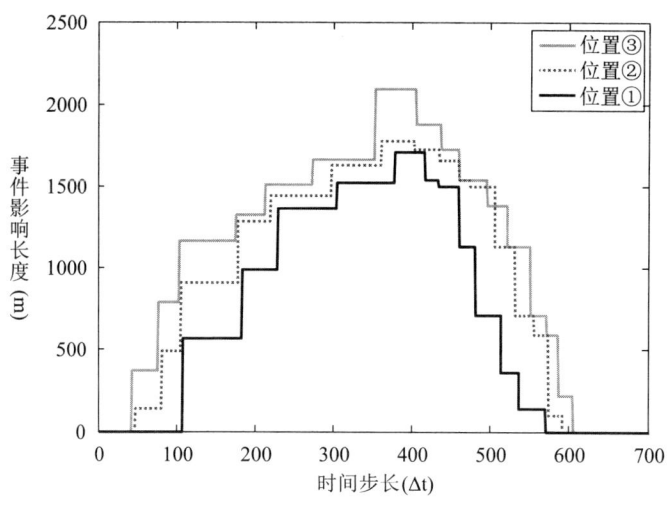

图 4-18　不同事件发生位置下的事件影响长度变化图

图 4-17 与图 4-18 分别描绘的是事件发生于不同位置的影响评价指标变化图，表 4-3 说明的是图中各项与拥堵延误及事件影响长度相关的主要指标值。

由图表中可以看出，事发位置对于拥堵延误及事件影响长度均具有一定程度的影响。其中，事发位置处于合流区（位置①）的拥堵延误、事件影响长度值及影响持续时间均要低于主线位置（位置②）的指标值。除此之外，在事件清除后，合流区的指标值达到最大值的时刻均要晚于主线位置，恢复事发前水平的时刻却要早于主线位置。由此可以得出，事发位置处于合流区的拥堵形成速度要低于主线位置，而拥堵消散速度却要高于主线位置。这主要是因为当交通事件发生在合流区时，由于距离入口匝道较近，拥堵会快速蔓延至匝道，严重的情况下甚至会影响到与快速路相衔接的普通城市道路，因而由入口匝道进入主线的流量也必将会受到一定程度的限制，这样反而对快速路主线的交通压力有一定的缓解作用，因此相对于发生于主线的交通事件而言，其影响范围较小。

表 4-3 不同事发位置下拥堵延误及事件影响长度的相关指标

拥堵延误相关指标	事发位置			事件影响长度相关指标	事发位置		
	位置①	位置②	位置③		位置①	位置②	位置③
事件清除时刻的拥堵延误（veh·Δt）	57	70	75	事件清除时刻的影响长度（m）	1520	1629	1661
最大拥堵延误（veh·Δt）	58	71	78	最大影响长度（m）	1709	1780	2092
拥堵延误最大的时刻（Δt）	391	368	360	影响长度最大的时刻（Δt）	378	361	353
恢复事发前水平的时刻（Δt）	629	652	660	恢复事发前水平的时刻（Δt）	571	592	605

另外，发生于分流区（位置③）的事件影响指标值均要高于主线位置（位置②）。在事件清除后，分流区的指标值达到最大值的时刻均要早于主线位置，但恢复至事发前水平的时刻却要晚于主线位置。由此可以得出，事发位置处于分流区时的拥堵形成速度要高于主线位置，而拥堵消散速度却要低于主线位置。究其原因，主要是因为当交通事件发生在分流区时，由于距离出口匝道较近，较易阻塞离开主线进入出口匝道的车流通道，从而加快了上游主线干道的拥堵传播，减缓了拥堵车流的疏散速度，因而相对于发生于主线的交通事件而言，其影响范围较大。

2. 不同事件严重程度下的仿真结果分析

交通事件对道路造成的直接影响即为降低路段的通行能力。因此，依据事发路段通行能力的下降水平，将事件严重程度划分为四个等级：轻微事件（通行能力下降 25% 以下）、一般事件（25%＜通行能力下降水平 ≤ 50%）、重大事件（50%＜通行能力下降水平≤75%）、特大事件（75%≤通行能力下降水平≤100%）。

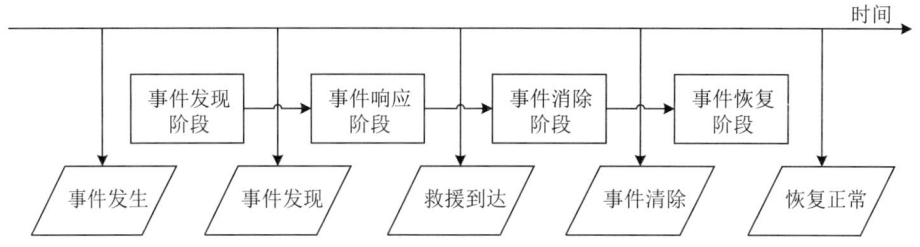

图 4-19　交通事件演化过程示意图

除了会影响到事发路段通行能力的下降程度外，事件严重程度对于事件的处置时间也有极大的影响。通常，交通事件持续时间由以下四个阶段花费的总时间所构成：事件发现阶段、事件响应阶段、事件消除阶段及事件恢复阶段，如图 4-19 所示。而事件处置时间则指的是前三个阶段所消耗的总时间，且这部分时间通常会随着事件严重程度的增加而增加。

结合上述分析，本书将通过研究不同严重程度的交通事件在不同的事件处置时间下的变化情况，分析事件严重程度对交通事件影响范围的影响。为了便于分析，在仿真中设置以下四种事件状态：

状态①：事件严重程度较高且事件处置时间较长。在第 19 个元胞内指定位置发生一起特大交通事件，造成事发路段两条车道被占用，通行能力下降 82%，事件处置时间截止于第 480 个时段。

状态②：事件严重程度较高且事件处置时间较短。在指定位置发生一起特大交通事件，造成事发路段两条车道被占用，通行能力下降 82%，事件处置时间截止于第 380 个时段。

状态③：事件严重程度较低且事件处置时间较长。在指定位置发生一起一般交通事件，造成事发路段一条车道被占用，通行能力下降 50%，事件处置时间截止于第 350 个时段。

状态④：事件严重程度较低且事件处置时间较短。在指定位置发生一起一般交通事件，造成事发路段一条车道被占用，通行能力下降 50%，事件处置时间截止于第 250 个时段。

依据上述设置条件,以事件影响长度及拥堵延误作为评价指标,分别对四种事件状况下的交通事件影响状况进行仿真分析。

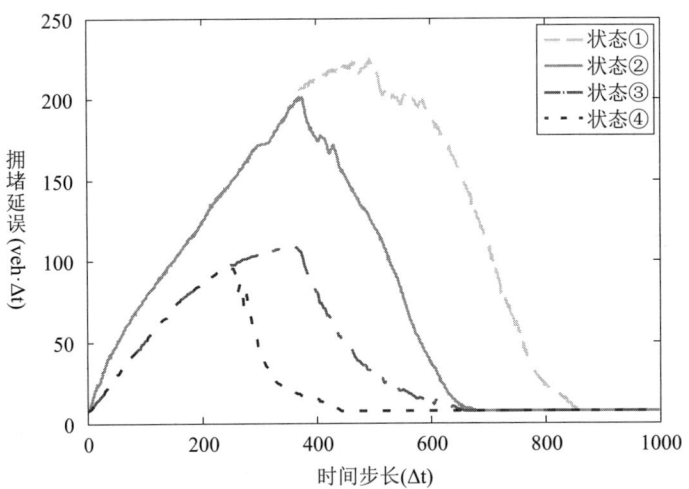

图 4-20 不同事件严重程度下的拥堵延误变化图

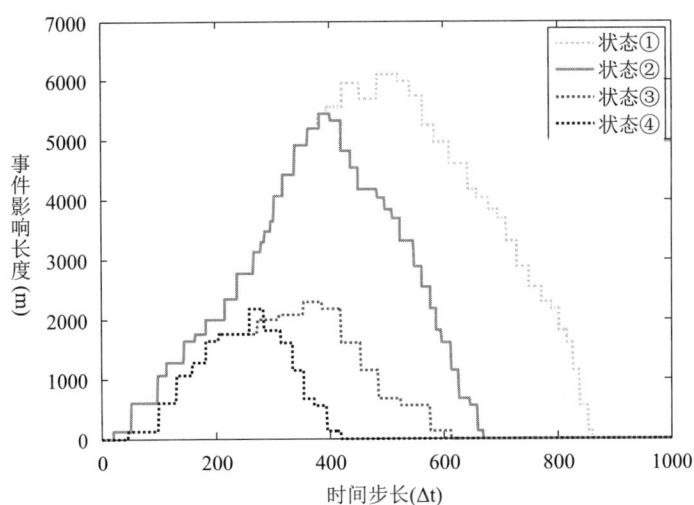

图 4-21 不同事件严重程度下的事件影响长度变化图

图 4-20 与图 4-21 分别描绘的是不同事件严重程度下的拥堵延误变化图和事件影响长度变化图,表 4-4 说明的是图中各项与拥堵延误及事件影响长度相

关的主要指标值。经对比发现，事件严重程度较高的状态①与状态②的拥堵延误、事件影响长度及事件持续时间，显然都要比事件严重程度较低的状态③与状态④大。在事件严重程度相同的前提下，事件处置时间较长的状态①与状态③的指标值，也显然分别要比处置时间较短的状态②与状态④大。另外，在处置时间增加同等时长的情况下，状态①相对于状态②而增加的指标值明显要高于状态③相对于状态④的增量。

表 4-4　不同事件严重程度下拥堵延误及事件影响长度的相关指标

拥堵延误相关指标	事件严重程度				事件影响长度相关指标	事件严重程度			
	状态①	状态②	状态③	状态④		状态①	状态②	状态③	状态④
事件清除时刻的拥堵延误（veh·Δt）	222	199	104	86	事件清除时刻的影响长度（m）	5686	5201	2075	1752
最大拥堵延误（veh·Δt）	224	201	106	91	最大影响长度（m）	6111	5441	2300	2181
拥堵延误最大的时刻（Δt）	507	389	369	263	影响长度最大的时刻（Δt）	485	383	354	259
恢复事发前水平的时刻（Δt）	866	678	658	442	恢复事发前水平的时刻（Δt）	861	660	624	420

综合上述分析可得，事件严重程度较高及事件处置时间较长，均会导致事件影响指标的迅速增大；且在事件严重程度较高的情况下，由于处置时间延长而增大的事件影响指标值要高于事件严重程度较低时的增量。在事件处置时间较长的情况下，事件影响指标维持高水平的时长则要多于处置时间较短时的状况。另外，将事件严重程度较低而处置时间较长与事件严重程度较高而处置时间较短的两种状况进行对比，可以发现，两者的事件持续时间极为相近。因此，在事件严重程度较高时，若能快速启动应急预案，缩短事件处置时间，则可有效抑制事件影响范围的快速扩大及事件持续时间的延长。

另外，从以上所有指标变化图中还可以看出，拥堵延误出现最大值及其恢复至事发前正常水平时所对应的时刻，均要迟于事件影响长度所对应的时刻。这主要是因为元胞在脱离拥堵状态后并不能立即恢复到自由流状态，而是处于亚稳态，在此状态下的交通流仍会产生一定的拥堵延误。

三、与普通城市道路的事件影响对比分析

此处主要通过分别研究在高峰时段与平峰时段下，交通事件发生后城市快速路与普通城市道路的交通状态变化，对比描述两种不同路网条件下的交通事件影响差异。为了易于与选定的快速路网结构进行对比，本节选择从图 3-8 所示的普通城市道路网中框定路段长度相近的路网结构作为研究对象，如图 4-22 所示。

图 4-22　普通城市道路研究区域示意图

假定两种路网条件下的交通事件类型、发生时间、清除时间、严重程度均一致，且普通城市道路模拟中的其他模型参数设置均如前文相关章节中所示。另外，由于高峰时段与平峰时段的区别主要体现在交通需求的差异上，因此，在仿真中将高峰时段的交通需求与通行能力的比值设置为 80%，将平峰时段的交通需求与通行能力的比值设置为 40%。在此基础上，以事件影响长度及拥堵延误作为评价指标，分别对不同路网条件下、事件发生时间处于不同时段的交通事件影响状况进行仿真分析。

1. 平峰时段

图 4-23 所描绘的是不同路网条件下交通事件发生于平峰时段的拥堵延误变化图。此处将单位时间内拥堵延误的增加定义为交通拥堵的扩散速度，而将单位时间内拥堵延误的减少则定义为交通拥堵的消散速度。结合表 4-5 中各项与拥堵延误相关的指标值可以得出，在普通城市道路的路网条件下，交通拥堵的扩散速度及消散速度分别为 0.162veh、0.283veh；而在城市快速路的路网条件下，交通拥堵的扩散速度及消散速度分别为 0.164veh、0.320veh。经对比可以发现，城市快速路的交通拥堵扩散速度及消散速度均要高于普通城市道路。

而在普通城市道路的路网条件下，事件清除时刻的拥堵延误与最大拥堵延误之间的差距要高于快速路，达到最大拥堵延误的时刻要迟于快速路，而恢复到事发前水平的时刻也要迟于快速路。这也就是说，在平峰时段下，事件一旦被清除，快速路的拥堵延误便会在极其短暂的少量增加后，较快地消散由交通事件所引起的拥堵。

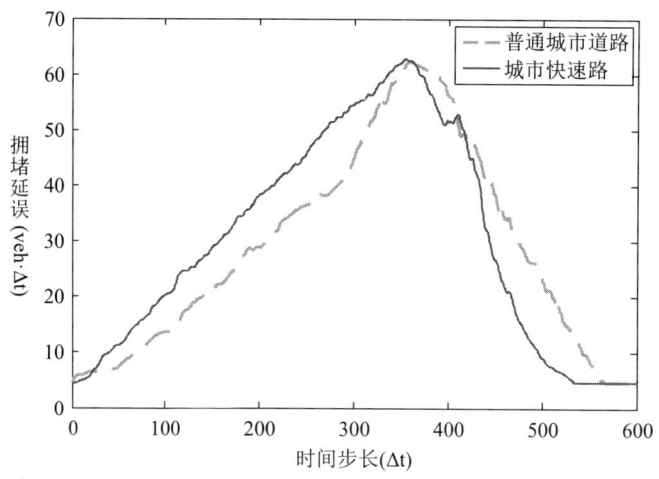

图 4-23 不同路网条件下的拥堵延误变化图（平峰时段）

表 4-5 不同路网条件下拥堵延误及事件影响长度的相关指标（平峰时段）

拥堵延误相关指标	普通城市道路	城市快速路	事件影响长度相关指标	普通城市道路	城市快速路
事件清除时刻的拥堵延误（veh·Δt）	61	62	事件清除时刻的影响长度（m）	1494	1633

续表

拥堵延误相关指标	普通城市道路	城市快速路	事件影响长度相关指标	普通城市道路	城市快速路
最大拥堵延误（veh·Δt）	63	63	最大影响长度（m）	1505	1633
拥堵延误最大的时刻（Δt）	359	353	影响长度最大的时刻（Δt）	355	350
恢复事发前水平的时刻（Δt）	564	534	恢复事发前水平的时刻（Δt）	525	519

图 4-24 所描绘的则是不同路网条件下交通事件发生于平峰时段的事件影响长度变化图。此处将单位时间内事件影响长度的增加定义为交通事件影响范围的增长速度，而将单位时间内事件影响长度的减少定义为交通事件影响范围的下降速度。结合表 4-5 中各项与事件影响长度相关的指标值可以得出，在普通城市道路的路网条件下，交通事件影响范围的增长速度及下降速度分别为 4.239m/Δt、8.853m/Δt；而在城市快速路的路网条件下，交通事件影响范围的增长速度及下降速度分别为 4.639m/Δt、9.778m/Δt。经对比可以发现，城市快速路的交通事件影响范围的增长速度及下降速度均要高于普通城市道路。

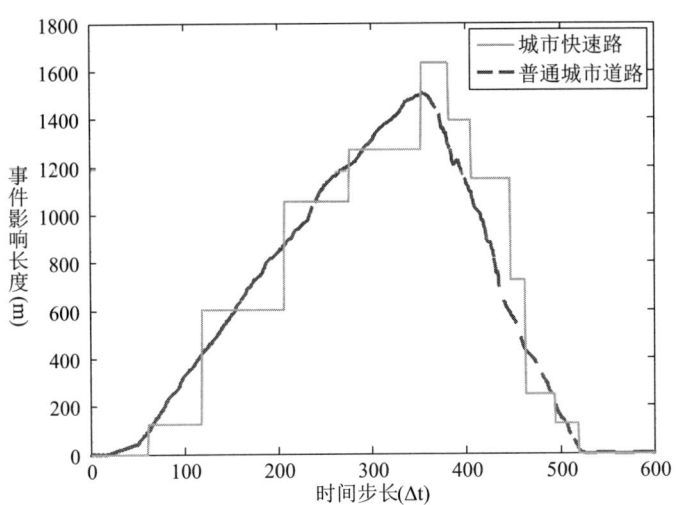

图 4-24 不同路网条件下的事件影响长度变化图（平峰时段）

对比图 4-23 及图 4-24 可以看出，事件影响长度与拥堵延误的整体变化趋势相似：在快速路的路网条件下，事件清除时刻即为事件影响长度达到最大的时刻；而在普通城市道路的路网条件下，事件清除后事件影响长度仍有少量增长,同时,事件影响长度被完全清除的时刻也要迟于快速路。

综合考虑拥堵延误及事件影响长度两个评价指标可以得出,平峰时段城市快速路对应指标值的增长速度较普通城市道路要高;事件清除后,指标值的下降速度也较普通城市道路要低。这是因为,在普通城市道路网中存在多个由信号灯所造成的瓶颈,而由于这些瓶颈的存在,抑制了车流的传播,相应地也减缓了交通拥堵及影响范围的扩散速度和消散速度。另外,由于事件发生时间处于平峰时段,交通需求较小,外部输入对快速路的影响也较小,并且没有信号灯对车流的阻碍,因此在事件被消除后,快速路能够更为迅速地恢复到事发前的状态。

2. **高峰时段**

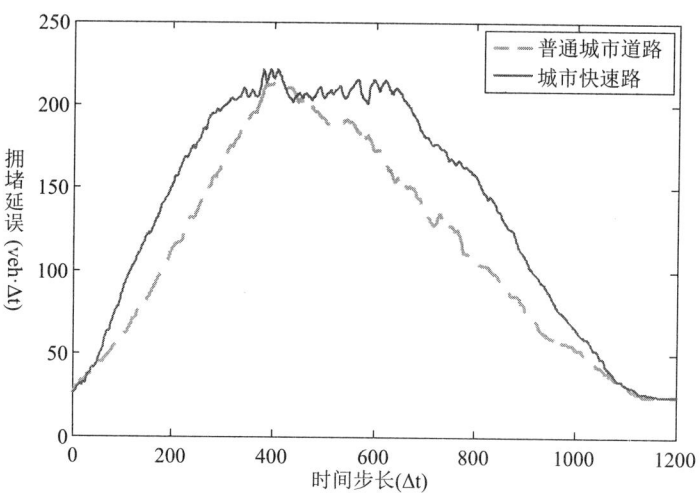

图 4-25　不同路网条件下的拥堵延误变化图(高峰时段)

图 4-25 为不同路网条件下交通事件发生于高峰时段的拥堵延误变化图。结合表 4-6 中各项与拥堵延误相关的指标值可以得出,在普通城市道路的路网条件下,交通拥堵的扩散速度及消散速度分别为 0.459veh、0.259veh;在城市快速路的路网条件下,交通拥堵的扩散速度及消散速度分别为 0.482veh、0.254veh。经对比可以发现,城市快速路的交通拥堵扩散速度要高于普通城市道路,但拥堵消散速度却要低于普通城市道路。

相比于普通城市道路,在快速路的路网条件下,事件清除时刻所达到的拥堵延误要更加接近于最大拥堵延误,其达到最大拥堵延误的时刻要早于普通城市道路,但恢复到事发前水平的时刻也要迟于普通城市道路。如图中所示,在高峰时段下,在达到最大拥堵延误后,快速路的拥堵延误仍会在较长的时段内持续在高水平下波动,之后缓慢下降恢复至事发前水平;而普通城市道路的拥堵延误则会在达到最大值后,振荡下降,较快地消散由交通事件所引起的拥堵。

表 4-6 不同路网条件下拥堵延误及事件影响长度的相关指标(高峰时段)

拥堵延误相关指标	普通城市道路	城市快速路	事件影响长度相关指标	普通城市道路	城市快速路
事件清除时刻的拥堵延误(veh·Δt)	191	205	事件清除时刻的影响长度(m)	4091	4421
最大拥堵延误(veh·Δt)	214	223	最大影响长度(m)	4892	5201
拥堵延误最大的时刻(Δt)	410	408	影响长度最大的时刻(Δt)	396	392
恢复事发前水平的时刻(Δt)	1134	1183	恢复事发前水平的时刻(Δt)	1035	1086

由表 4-6 中各项与事件影响长度相关的指标值可以得出,在普通城市道路的路网条件下,交通事件影响范围的增长速度及下降速度分别为 12.354m/Δt、7.656m/Δt;而在城市快速路的路网条件下,交通事件影响范围的增长速度及下降速度分别为 13.268m/Δt、7.494m/Δt。经对比可以发现,城市快速路的交通事件影响范围的增长速度要高于普通城市道路,而下降速度却要低于普通城市道路。

图 4-26 中所描绘的是不同路网条件下交通事件发生于高峰时段的事件影响长度变化图。与图 4-25 对比可以看出,事件影响长度与拥堵延误的整体变化趋势相似:在事件清除后,两种路网条件下的事件影响长度都仍有一定程度的增加,其中普通城市道路增加的幅度要更大些。在达到最大事件影响长度后,两条曲线均振荡下降,其中普通城市道路恢复到事发前水平的时刻要早于快速路。

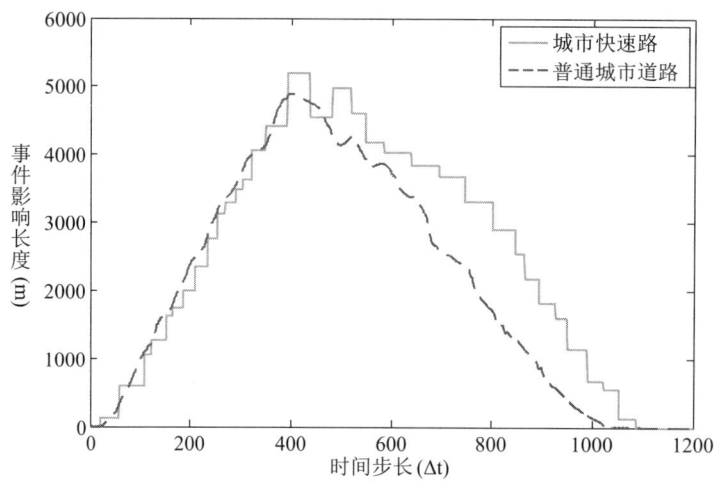

图 4-26 不同路网条件下的事件影响长度变化图（高峰时段）

  综合考虑拥堵延误及事件影响长度两个评价指标可以得出，在高峰时段下，城市快速路对应指标值的增长速度较普通城市道路要高；而在事件被清除后，指标值的下降速度却较之普通城市道路要低。这可能是由于事件发生时间处于高峰时段，交通需求较大，外部输入对快速路的影响也更为直接，因此一旦发生交通事件，造成车道的暂时性减少，便会快速形成堵塞并向上游传播，导致拥堵延误及影响范围迅速增加。在事件被清除后，虽然可用车道恢复到原有水平，但是由于之前由于事件所积累的大量延误车辆及不断输入的交通需求，分流输出量无法在短时间内抑制拥堵的进一步蔓延，使得快速路在短时间内很难恢复到事发前的状态。而对于普通城市道路网而言，由于节点的密度较大，相邻节点之间的距离也较近，可选择的替代路径也较多，因此较之快速路能够更快地清除交通事件带来的影响。

  对比事发时间所处的不同时段可以发现，在高峰时段的最大指标值均要明显高于平峰时段，高峰时段下的影响持续时间也要明显长于平峰时段。另外，高峰时段的指标值在较长一段时间内均维持在较高的水平上；相反，平峰时段的指标值在达到最大值后，仅维持短暂的时间之后便迅速下降。除此之外，从图表中还可以看出，平峰时段下交通拥堵扩散速度要低于拥堵消散速度，事件影响范围的增长速度要低于下降速度；相反，高峰时段下拥堵扩散速度要高于拥堵消散的速度，事件影响范围的增长速度要高于下降速度。究其原因，主要堵延误要更加接近于最大拥堵延误，其达到最大拥堵延误的时刻要早于普通城市道路，但恢复到事发前水平的时刻也要迟于普通城市道路。如图中所示，在高峰时段下，在达到最大拥堵延误后，快速路的拥堵延误仍会在较长的时段内持续在高水平下波动，之后缓慢下降恢复至事发前水平；而普通城市道路的拥堵延误则会在达到最大值后，振荡下降，较快地消散由交通事件所引起的拥堵。

表 4-6　不同路网条件下拥堵延误及事件影响长度的相关指标（高峰时段）

拥堵延误相关指标	普通城市道路	城市快速路	事件影响长度相关指标	普通城市道路	城市快速路
事件清除时刻的拥堵延误（veh·Δt）	191	205	事件清除时刻的影响长度（m）	4091	4421
最大拥堵延误（veh·Δt）	214	223	最大影响长度（m）	4892	5201
拥堵延误最大的时刻（Δt）	410	408	影响长度最大的时刻（Δt）	396	392
恢复事发前水平的时刻（Δt）	1134	1183	恢复事发前水平的时刻（Δt）	1035	1086

由表 4-6 中各项与事件影响长度相关的指标值可以得出，在普通城市道路的路网条件下，交通事件影响范围的增长速度及下降速度分别为 12.354m/Δt、7.656m/Δt；而在城市快速路的路网条件下，交通事件影响范围的增长速度及下降速度分别为 13.268m/Δt、7.494m/Δt。经对比可以发现，城市快速路的交通事件影响范围的增长速度要高于普通城市道路，而下降速度却要低于普通城市道路。

图 4-26 中所描绘的是不同路网条件下交通事件发生于高峰时段的事件影响长度变化图。与图 4-25 对比可以看出，事件影响长度与拥堵延误的整体变化趋势相似：在事件清除后，两种路网条件下的事件影响长度都仍有一定程度的增加，其中普通城市道路增加的幅度要更大些。在达到最大事件影响长度后，两条曲线均振荡下降，其中普通城市道路恢复到事发前水平的时刻要早于快速路。

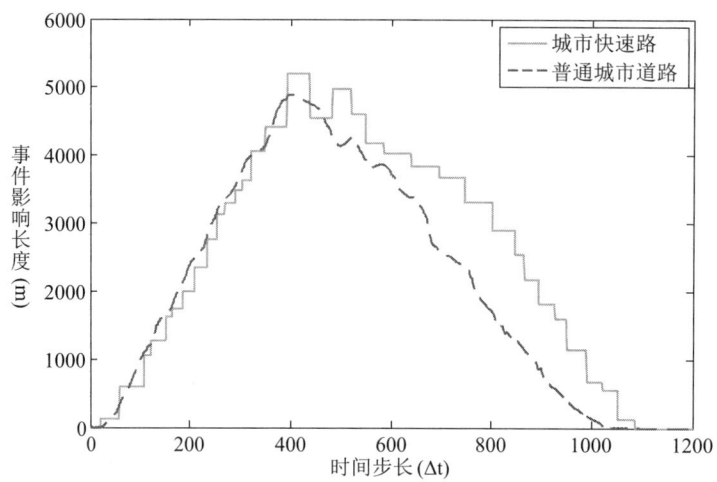

图 4-26　不同路网条件下的事件影响长度变化图（高峰时段）

综合考虑拥堵延误及事件影响长度两个评价指标可以得出，在高峰时段下，城市快速路对应指标值的增长速度较普通城市道路要高；而在事件被清除后，指标值的下降速度却较之普通城市道路要低。这可能是由于事件发生时间处于高峰时段，交通需求较大，外部输入对快速路的影响也更为直接，因此一旦发生交通事件，造成车道的暂时性减少，便会快速形成堵塞并向上游传播，导致拥堵延误及影响范围迅速增加。在事件被清除后，虽然可用车道恢复到原有水平，但是由于之前由于事件所积累的大量延误车辆及不断输入的交通需求，分流输出量无法在短时间内抑制拥堵的进一步蔓延，使得快速路在短时间内很难恢复到事发前的状态。而对于普通城市道路网而言，由于节点的密度较大，相邻节点之间的距离也较近，可选择的替代路径也较多，因此较之快速路能够更快地清除交通事件带来的影响。

对比事发时间所处的不同时段可以发现，在高峰时段的最大指标值均要明显高于平峰时段，高峰时段下的影响持续时间也要明显长于平峰时段。另外，高峰时段的指标值在较长一段时间内均维持在较高的水平上；相反，平峰时段的指标值在达到最大值后，仅维持短暂的时间之后便迅速下降。除此之外，从图表中还可以看出，平峰时段下交通拥堵扩散速度要低于拥堵消散速度，事件影响范围的增长速度要低于下降速度；相反，高峰时段下拥堵扩散速度要高于拥堵消散的速度，事件影响范围的增长速度要高于下降速度。究其原因，主要是因为高峰时段相对于平峰时段而言，其交通需求较大，在事发之前就已经处于拥堵状态，事发之后所形成的停车波速度要高于事件清除之后所形成的启动波速度，延缓了交通事件影响的蔓延。因此，应采取适当措施对交通需求及出行行为进行管理，有效缩短高峰时段，降低高峰时段发生交通事件的概率，进而降低交通事件对道路交通状况的影响。

本章结合城市快速路的交通特性及 ECTM 模型，构建了城市快速路交通事件影响范围预测模型（ECTM-F），并对此模型进行了参数标定及验证分析。在此模型的基础上，对城市快速路的交通事件影响进行仿真分析，并与普通城市道路进行了对比分析。本章的研究工作具体包括以下几部分：

（1）在提出基本模型假设的基础上，构建了 ECTM-F 模型。ECTM-F 模型主要由路段模型及节点模型两部分组成。其中，在路段模型中，不仅考虑了亚稳态对交通流的影响，真实刻画了快速路交通流运行中的典型现象，还修正了事发路段所在元胞的交通特征参数；在节点模型中，结合快速路的路网结构，考虑出入口匝道对交通流传播的影响，对 ECTM 模型的节点模型进行了修正。

（2）提出了自由流速度、非瓶颈路段通行能力、瓶颈路段通行能力、激波速度及阻塞密度五个模型参数的标定方法，并结合北京市局部快速路网的实测数据进行了参数标定，实现了对预测模型（ECTM-F）的验证分析。结果表明，仿真数据与实测数据的变化趋势基本一致，且误差均在可接受范围内。另外，为了进一步验证 ECTM-F 模型的准确性，应用 SCTM 模型进行了仿真分析，并与 ECTM-F 模型的仿真结果进行了对比分析，结果表明 ECTM-F 模型的精确度更高。

（3）选取事发位置及事件严重程度两个事件因素，基于 ECTM-F 模型，分别对不同因素状态下的事件拥堵传播情况进行了仿真分析。结果表明，事件发生于主线位置的影响指标值要低于分流区，却要高于合流区；在事件严重程度较高的情况下，由于处置时间延长而增大的事件影响指标值要高于事件严重程度较低时的增量；在事件处置时间较长的情况下，事件影响指标维持高水平的时长要多于处置时间较短时的状况。

（4）通过仿真分析，分别研究了高峰时段与平峰时段交通事件发生后城市快速路与普通城市道路的交通状态变化，并对两种不同路网条件下的交通事件影响差异进行了描述。结果表明，当交通事件发生于平峰时段的城市快速路时，拥堵延误及事件影响范围的增长速度及下降速度均比普通城市道路高；当交通事件发生于高峰时段的城市快速路时，指标值的增长速度仍比普通城市道路要高，但其下降速度却要低于普通城市道路。

第五章 普通城市道路交通事件疏导策略研究

在普通城市道路路网环境下,当交通事件发生后,不仅仅会使事发路段的通行能力受到影响,如若未能及时采取正确的疏导策略,将会继而影响到上游路段及相邻路段的交通运行。基于第三章所提出的普通城市道路交通事件影响范围预测模型(ECTM-R),本章将交通事件影响范围划分为三个处置区域:处置区、控制区及预警区,并针对各个区域的控制目标分别提出不同的疏导策略,以实现对交通事件影响范围的有效控制。其中,控制区作为交通疏导的核心区域,也是本章的重点研究对象。针对此区域,本章将结合蚁群算法及正交试验设计理论,构建交通流疏导模型,得出具体的交通疏导方案,并对该模型进行验证分析。

第一节 交通事件影响范围的区域划分

依据第三章的研究结果,可以估算得出在普通城市道路路网环境下交通事件发生后的影响范围。此处的影响范围指的是在预测所得的交通事件持续时间内,研究区域中由事件引发的所有拥堵元胞构成的直接影响范围。然而,在这段时间内,由于路段拥堵的产生,本欲进入直接影响范围的出行车辆有可能会选择其外围的其他路线绕行,这就必然会对这些绕行路线的交通运行状态造成影响。而这部分受影响的绕行路线所构成的区域也即是交通事件的间接影响范围。因此,本章研究的交通事件影响范围主要由两部分组成:直接影响范围及间接影响范围。

为了能更加科学、有针对性地对事件影响范围进行有效控制，本书根据不同的路网条件及交通事件参数等指标，将预测所得的事件影响范围划分为三个不同的处置区域：处置区、控制区及预警区（如图 5-1 所示），并针对不同的区域特征分别提出不同的疏导措施，以达到拥堵扩散的最小化。

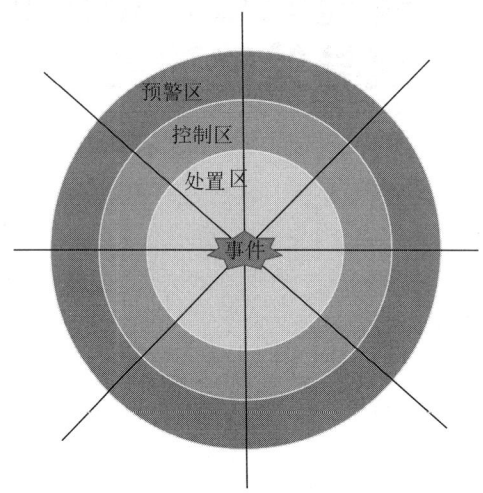

图 5-1　交通事件影响范围划分示意图

三个区域的划分标准如下：

一、处置区

将事件发生位置所在路段及距离事发位置最近的上游节点所构成的区域划分为处置区。由于交通事件的发生会造成此区域内的有效通行能力迅速下降，因此位于此区域内的车辆在短时间内即会处于拥堵状态（$\rho_i \geqslant \rho'_{o,i}$），继而是达到重度拥堵状态（$\rho_i \geqslant 0.7\rho'_{J,i}$）。因此，必须立即针对此区域采取疏导措施，紧急控制拥堵扩散的源头，如若得不到及时处置，极可能会使拥堵快速扩散或引发二次事件。

二、控制区

将交通事件直接影响范围内除了处置区以外的其他区域划分为控制区。控制区位于处置区的外围。由于处置区内拥堵的蔓延，位于此区域内的交通流在事发后一段时间内也会逐步出现重度拥堵状态。因此，必须对此区域进行适当的管控，否则将会加剧拥挤状况的进一步衍生。

三、预警区

预警区的设置主要是为了实现交通事件间接影响范围的管理与控制。若此区域的范围设置过大，则容易影响整个路网的正常秩序；但如果设置过小，却又难以达到预警的作用，无法有效缓解控制区的交通压力。因此，本书将受控区域内处于控制区外围且预计在事件持续时间内会出现中度拥堵状态却未能达到重度拥堵状态（$0.5\rho_{i,j} \leqslant \rho_i < 0.7\rho_{i,j}$）的元胞所处路段划分为预警区。位于此区域内的车辆虽短期内未有发生拥堵的风险，但若未得到适当的诱导及预警，极有可能会造成下游拥堵状态的加速蔓延，形成更大范围的拥堵。

第二节 不同区域内的交通疏导策略

依据前文影响范围的区域划分，将各个区域交通拥堵的基本疏导策略归纳如下：

一、处置区

在此区域内实施疏导措施的主要目的是，尽快恢复该区域内的道路通行能力或尽量降低此区域的交通需求。因此，为达到此目的，主要采取交通管制的方式，选择最优救援路径，使交警尽快到达事发现场，强制实行交通分离、交通量均分和优先通行等交通组织管理手段，使该区域内的车辆能够尽快驶离。

其中，交通分离是指对处置区内的包括机动车、非机动车和行人在内的所有交通实体实现空间及时间上的分离，提高各种交通流的运行效率；交通量均分是指通过占用对向车道的部分路段，达到扩大事发路段通行能力的目的，即从提高事故路段交通供给的角度，来避免或者缓解交通拥堵[①]；优先通行是指为

---

① 程灿. 城市道路交通事故影响扩散及其疏导措施研究［D］. 南京：东南大学，2010.

提高应急救援服务的效率,赋予应急车辆高优先权,实现其在拥堵路段上的优先通行,缩短事件处置时间。①

二、控制区

在此区域内实施疏导措施的主要目的是,严格控制该区域内的车辆进入处置区并引导车辆快速、有效地离开该区域。为达到此目的,主要采取交通管制及信号控制的方式,以路网总行程时间最低及路网总流量最大为目标,对控制区内的交通进行有效管控。

其中,信号控制主要通过调节交通信号灯相位、周期、绿信比等配时参数来实现。此时的信号相位设计是指在发生交通事件的条件下,对上游交叉口的信号相位进行调整,通过禁左、禁右、禁直行等方式,限制进入处置区的交通流量,从源头上遏制拥堵的扩散;调节信号周期是指通过延长周期时长,提高单位时间内车流通过量,促使单个路口车流的双向通行,或是通过缩短周期时长,降低单位时间内车流通过量,抑制单个路口车流的双向通行;调节绿信比是指保持信号周期不变,调整交叉口重要流向上的绿灯时长,使交叉口流量在不同流向上得以重新分配。

三、预警区

在此区域内实施疏导措施的主要目的是,减少进入控制区的流量并延缓车辆进入控制区的速度。为达到此目的,在预警区内主要采取交通诱导的方式,通过采用交通广播、可变信息板、车载导航系统、路边 LED 显示屏、手机短信等方式,使该区域内的车辆及时得知前方道路的事件状况及实时拥堵状况,并提供科学的绕行路线。

根据上文描述,得出制定普通城市道路交通事件疏导策略的流程图(如图5-2 所示)。其中,控制区为交通疏导的核心区域,因此下文将重点研究控制区疏导策略下的理论模型及应用方法。

---

① 毕煦东. 城市应急车辆优先通行关键问题研究 [D]. 成都:西南交通大学,2014.

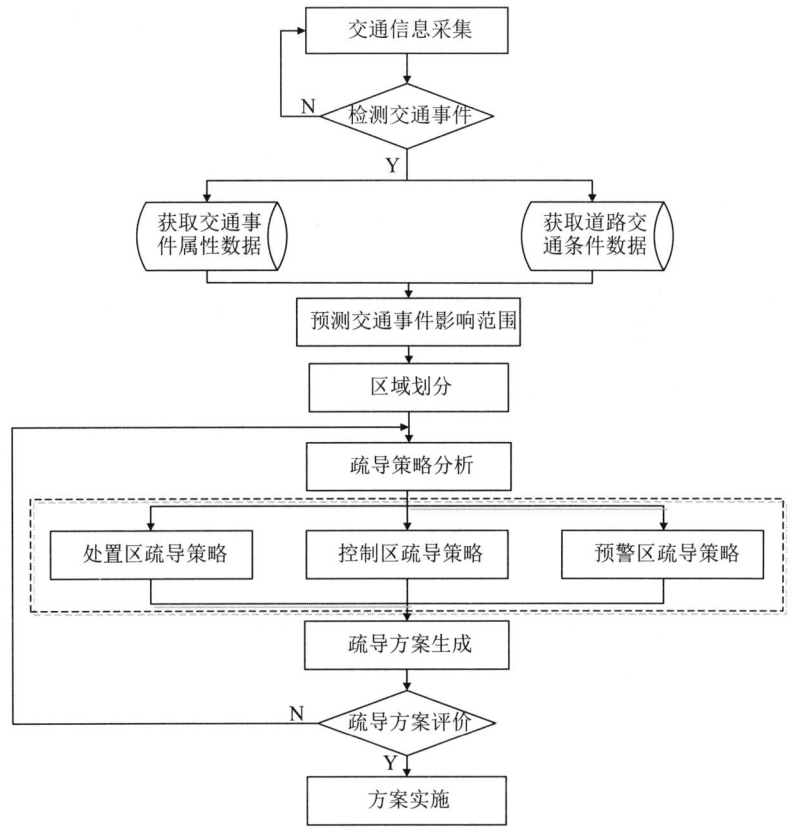

图 5-2 普通城市道路交通事件疏导策略的制定流程图

第三节 基于正交试验设计及蚁群算法的交通流疏导模型

一、正交试验设计原理及其应用

1925 年，英国统计学家费歇尔在《研究工作中的统计方法》一书中，首次提出了"试验设计"的概念[①]，指出试验设计是以概率论、数理统计、线性代数

---

① Fisher R A. Statistical methods for research workers［M］. Genesis Publishing Pvt Ltd，1925.

为理论基础，科学地设计试验方案，正确合理地分析试验结果，以较少的试验工作量和较低的成本获取足够、可靠的有用信息。在 1935 年的《试验设计法》一书中，费歇尔对"试验设计"进行了系统性的论述。[①]20 世纪 40 年代，日本统计学家田口玄一在试验设计理论的基础上进行改进，首次提出了正交试验设计法的概念。它是使用正交表进行试验设计，来研究多因素多水平问题的一种数理统计方法[②]。通过此方法可以确定出各因素对试验指标的影响规律，以及各因素的主次影响排序与交互影响，并最终选择出一个各因素的水平组合使得指标值达到最优。[③]

正交试验设计的过程主要可以分为以下三个步骤：

（1）依据试验目的，选定评价指标，并确定因素及其对应的水平。

（2）选取适宜的正交表，确定试验方案，并获取试验结果。

（3）通过极差分析、方差分析等统计分析的手段，对试验结果进行解释分析。

在整个正交设计的过程中，其中最核心的要素即为正交表，它是利用均匀分散性与齐整可比性这两条正交性原理，从大量试验点中挑选适量的具有代表性、典型性的试验点，并按照一定规律所排列形成的规范化表格。其具体定义如下：设 A 是一个 n 行 k 列的矩阵，其中第 j 列因素由水平$(1,2,\cdots,m)$构成，$j=1,2,\cdots,k$，若 A 的任意两列均衡搭配，则称 A 是一张正交表。

正交表通常用符号$L_n(m_1\times m_2\times\cdots\times m_k)$来表示，其中 L 为正交表的代号；n 为正交表的行数，表示试验方案的个数；k 为正交表的列数，表示试验因素的个数；m_j 为第 j 个因素所取的水平数，若某些因素的水平数相同，可以写成指数的形式。以正交表$L_8(2^7)$为例，如表 5-1 所示，该表包含了两水平的 7 个因素，并由 8 个试验方案组成，相比于使用全组合法，应有 $2^7=128$ 个试验方案。因此，采用正交表极大地提高了试验效率。

---

① Fisher R A. The design of experiments [M]. Oliver and Boyd, Edinburgh, 1935.
② 夏伯忠. 正交实验法 [M]. 长春：吉林人民出版社，1985：1-3.
③ 朱伟勇. 正交与回归正交实验法的应用 [M]. 沈阳：辽宁人民出版社，1978.

表 5-1　正交表 $L^8(2^7)$

试验方案	因素						
	因素1	因素2	因素3	因素4	因素5	因素6	因素7
1	1	1	1	2	2	1	2
2	2	1	2	2	1	1	1
3	1	2	2	2	2	2	1
4	2	2	1	2	1	2	2
5	1	1	2	1	1	2	2
6	2	1	1	1	2	2	1
7	1	2	1	1	1	1	1
8	2	2	2	1	2	1	2

为了保证依据正交表设计出来的少量试验方案的合理性，任意正交表应满足以下两个性质：

（1）任意因素中各水平重复出现的次数均相等，且 $t_1 = n/m_j$，式中 t_1 表示第 j 个因素中各水平出现的次数；

（2）任意两个因素所构成的各水平对重复出现的次数均相等，且 $t_2 = n/(m_j \times m_i)$，$i \neq j$，式中 t_2 表示第 i 个因素与第 j 个因素构成的各水平对出现的次数。

由于正交试验设计具有试验次数少、效率高、应用简单、效果显著等优点，使其在工农业等众多科学研究领域均得到了广泛的应用及推广。近年来，一些学者利用正交设计的优势，将其与某些优化算法进行融合，在收敛速度、参数确定等方面均获得了较大的改进。Gong、Wenyin 等人[1][2][3]采用正交设计法生成初始种群并设计交叉算子，对差分进化算法进行改进，提高了该算法的

---

[1] Gong W，Cai Z，Ling C X. ODE：A fast and robust differential evolution based on orthogonal design［M］.AI 2006：Advances in Artificial Intelligence. Springer Berlin Heidelberg，2006：709-718.

[2] Gong W，Cai Z，Jiang L. Enhancing the performance of differential evolution using orthogonal design method［J］.Applied Mathematics and Computation，2008，206（1）：56-69.

[3] Gong W，Cai Z. An improved multiobjective differential evolution based on Pareto-adaptive-dominance and orthogonal design［J］. European Journal of Operational Research，2009，198（2）：576-601.

收敛速度。Zeng[1]、Cai[2]、Wang[3]等人将正交设计法与 ε 占优、聚类分析等方法相结合,解决了多种多目标优化的问题。Ahmad[4]、Shi[5]、Li[6]等人通过引入正交设计,将遗传算法改进为正交遗传算法,极大地提高了遗传算法的局部搜索能力,并将其有效地应用于多种函数优化问题中。综上所述,可知正交试验设计是改进优化算法的一种有效手段。

二、蚁群算法原理及其应用

蚁群算法是一种模拟蚂蚁群体觅食行为的仿生类优化算法。此算法最早是由意大利学者Dorigo M等[7]在1991年提出的,并在之后的几年内对此算法的数学模型及核心思想进行了详尽系统的阐述。[8][9]下面对该算法的数学模型及其应用进行简单的描述。

蚂蚁系统(Ant System)是蚁群算法最原始的模型,也被称为基本蚁群算法,它是之后所有蚁群算法的原型。蚁群算法最初是由Dorigo M等提出并应用于解决经典的TSP问题(traveling salesman problem),并取得了极好的效果。因此,本书将引入TSP问题系统介绍基本蚁群算法的数学模型。

---

[1] Zeng S y, Chen G, Zheng L, etc. A dynamic multi-objective evolutionary algorithm based on an orthogonal design [C]. In Evolutionary Computation, 2006. CEC 2006. IEEE Congress, 2006: 573–580.

[2] Cai Z, Gong W, Huang Y. A novel differential evolution algorithm based on ε-domination and orthogonal design method for multiobjective optimization [C]. In Evolutionary Multi-criterion Optimization, 2007: 286–301.

[3] Wang Y, Dang C, Li H, etc. A clustering multi-objective evolutionary algorithm based on orthogonal and uniform design [C]. In Evolutionary Computation, 2009. CEC'09. IEEE Congress, 2009: 2927–2933.

[4] Ahmad S U, Antoniou A. Cascade-form multiplierless FIR filter design using orthogonal genetic algorithm [C]. In Signal Processing and Information Technology, 2006 IEEE International Symposium, 2006: 932–937.

[5] Shi K F, Dong J W, Li J P, etc. Orthogonal genetic algorithm [J]. Acta Electronica Sinica, 2002, 30(10): 1501–1504.

[6] Li H, Jiao Y C, Zhang L, et al. Genetic algorithm based on the orthogonal design for multidimensional knapsack problems [M]. Advances in Natural Computation. Springer Berlin Heidelberg, 2006: 696–705.

[7] Colorni A, Dorigo M, Maniezzo V. Distributed optimization by ant colonies [C]. In Proceedings of the first European conference on artificial life, 1991: 134–142.

[8] Dorigo M. Optimization, learning and natural algorithms [D]. Politecnico di Milano, Italy, 1992.

[9] Dorigo M, Maniezzo V, Colorni A. Ant system: optimization by a colony of cooperating agents [J]. Systems, Man, and Cybernetics, Part B: Cybernetics, IEEE Transactions, 1996, 26(1): 29–41.

TSP问题可以简单描述为：给定 n 个城市，并已知各城市两两之间的距离，现有一旅行商需对每座城市进行一次访问并最终返回原地，要求找出一条总行程最短的巡回路径。此时，设 $G=(C,L)$ 是一个有向图，其中 $C=\{c_1,c_2,\cdots,c_n\}$ 是 n 个城市的集合，$L=\{l_{ij}|c_i,c_j\in C\}$ 是 n 个城市两两连接的集合，d_{ij} 是 l_{ij} 的长度，TSP 问题的求解目的即是找出长度最短的 Hamilton 圈。

为便于描述基本蚁群算法求解上述问题的过程，首先对下文所需的参数变量进行说明：

$b(t)$ 表示 t 时刻位于城市 c_i 的蚂蚁数；

m 表示蚁群中蚂蚁的总数，n 表示此问题中城市的总数，且 $m=\sum_{i=1}^{n}b_i(t)$；

$\tau_{ij}(t)$ 表示 t 时刻路段 (i,j) 上的信息素量，且设 $\tau_{ij}(0)$ 为一个常量；

η_{ij} 表示路段 (i,j) 的能见度，且 $\eta_{ij}=\dfrac{1}{d_{ij}}$；

$p_{ij}^{k}(t)$ 表示 t 时刻蚂蚁 k 由城市 i 转移至城市 j 的概率；

α 表示信息素的相对重要程度，反映了蚂蚁在选择路径的过程中信息素所起的作用；

β 表示能见度的相对重要程度，反映了蚂蚁在选择路径的过程中能见度所起的作用。

在初始时刻 $t=0$ 时，各条路径的信息素 $\tau_{ij}(0)$ 均相等，随机将 m 只蚂蚁放置于 n 个城市中，并采用禁忌表 $tabu_k$ 记录蚂蚁 k 当前走过的城市，依据一定的概率逐步选择下一个未访问过的城市。此处，t 时刻蚂蚁 k 由城市 i 转移至城市 j 的概率 $p_{ij}^k(t)$ 主要由路段 (i,j) 上的信息素量 $\tau_{ij}(t)$ 及能见度 η_{ij} 决定，其表达式描述如下：

$$p_{ij}^{k}(t)=\begin{cases}\dfrac{[\tau_{ij}(t)]^{\alpha}[\eta_{ij}]^{\beta}}{\sum\limits_{s\in allowed_k}[\tau_{is}(t)]^{\alpha}[\eta_{is}]^{\beta}}, & 若 j\in allowed_k \\ 0, & 否则\end{cases} \quad (5.1)$$

式中，$allowed_k=\{C-tabu_k\}$，表示蚂蚁 k 下一步允许选择的城市集合。当所有蚂蚁将所有城市都访问完成时，一个循环就结束了，此时为了避免

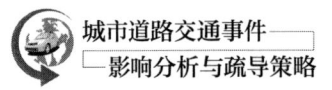

出现遗留的信息素量过多而导致能见度信息被忽略,各路径上的信息素需进行更新处理。其更新规则表示如下:

$$\tau_{ij}(t+n) = (1-\partial)\cdot\tau_{ij}(t) + \Delta\tau_{ij}(t) \quad (5.2)$$

$$\Delta\tau_{ij}(t) = \sum_{k=1}^{m}\Delta\tau_{ij}^{k}(t) \quad (5.3)$$

式中,$\tau_{ij}(t+n)$为$t+n$时刻路段(i,j)上的信息素量;∂为信息素的挥发系数,且$\partial\in(0,1)$;$\Delta\tau_{ij}(t)$为本次循环中路段(i,j)上的信息素增量;$\Delta\tau_{ij}^{k}(t)$为蚂蚁k在本次循环中释放在路段(i,j)上的信息素量。

针对不同的信息素更新策略,Dorigo M 分别提出了三种不同类型的基本蚁群算法模型:Ant-Cycle 模型、Ant-Quantity 模型、Ant-Density 模型,它们之间的区别主要在于$\Delta\tau_{ij}(t)$计算方法的不同。

在 Ant-Cycle 模型中,

$$\Delta\tau_{ij}^{k}(t) = \begin{cases} \dfrac{Q}{L_k}, & \text{若蚂蚁}k\text{在}(t,t+n)\text{时间内经过边}(i,j) \\ 0, & \text{否则} \end{cases} \quad (5.4)$$

式中,Q为一只蚂蚁在本次循环中所释放的信息素总量,L_k为蚂蚁k在本次循环中所走路径的总长度。此模型是通过采用整体的路径信息,在完成一次循环后对所有路段上的信息素进行更新。

在 Ant-Quantity 模型中,

$$\Delta\tau_{ij}^{k}(t) = \begin{cases} \dfrac{Q}{d_{ij}}, & \text{若蚂蚁}k\text{在}(t,t+1)\text{时间内经过}(i,j) \\ 0, & \text{否则} \end{cases} \quad (5.5)$$

此模型是通过采用局部的路径信息,在一个单位时间后对相应路径上的信息素进行更新,且其更新量与路径长度成反比。

在 Ant-Density 模型中,

$$\Delta\tau_{ij}^{k}(t) = \begin{cases} Q, & \text{若蚂蚁}k\text{在}(t,t+1)\text{时间内经过}(i,j) \\ 0, & \text{否则} \end{cases} \quad (5.6)$$

此模型同样是通过采用局部的路径信息,在一个单位时间后对相应路径上的信息素进行更新,但其只与单位时间释放的信息素量相关,与路径长度无关。

经对比研究发现，Ant-Cycle 模型相对于其他两种模型在 TSP 问题的求解过程中具有更好的性能，因此通常将此模型作为基本蚁群算法。

由于该算法具有鲁棒性强、易于与其他算法相融合等优点，近年来其在指派问题、调度问题、车辆路径问题等许多应用领域均得到了极大的推广，且在算法的改进方面也获得了相关专家学者的广泛关注。

在应用方面，基于时间依赖理论、基于运货量及路径二维加载及带有时间窗等在内的多种条件，Gajpal[1]、Yu[2]等人采用蚁群算法求解了多种不同条件下的车辆路径问题。Nothegger[3]、Dowsland[4]等人将蚁群算法应用于求解多种不同类型的指派问题，例如二次指派问题、频率指配问题及图形着色问题等。除此之外，蚁群算法在多背包问题[5]、连续函数优化[6]、集覆盖[7]、机器学习[8]等方面的应用也均取得了极大的成功。在模型改进方面，Duan 等[9]通过对状态转移概率、信息素量、启发因子等因素进行自适应调节，达到对基本蚁群算法优化的目

---

[1] Gajpal Y, Abad P. An ant colony system (ACS) for vehicle routing problem with simultaneous delivery and pickup [J]. Computers & Operations Research, 2009, 36 (12): 3215-3223.

[2] Yu D, Yang Z Z. An ant colony optimization model: the period vehicle routing problem with time windows [J]. Transportation Research Part E: Logistics and Transportation Review, 2011, 47 (2): 166-181.

[3] Nothegger C, Mayer A, Chwatal A, etc. Solving the post enrolment course timetabling problem by ant colony optimization [J]. Annals of Operations Research, 2012, 194 (1): 325-339.

[4] Dowsland K A, Thompson J M. An improved ant colony optimisation heuristic for graph colouring [J]. Discrete Applied Mathematics, 2008, 156 (3): 313-324.

[5] Soh-Yee L, Yoon-Teck B. An ant colony optimization approach for solving the Multidimensional Knapsack Problem [C]. In Computer & Information Science (ICCIS), 2012 International Conference, 2012: 441-446.

[6] Seçkiner S U, Eroğlu Y, Emrullah M, etc. Ant colony optimization for continuous functions by using novel pheromone updating [J]. Applied Mathematics and Computation, 2013, 219 (9): 4163-4175.

[7] Crawford B, Soto R, Monfroy E, etc. a hybrid ant algorithm for the set covering problem [J]. International journal of physical sciences, 2011 (19): 4667-4673.

[8] Kumar Singh D, Safeya R, Dheeraj Kumar S. Review on Ant Miners: Algorithms for Classification Rules Extraction using Ant Colony Approach [J]. International journal of computer applications, 2014, 86 (12): 34-38.

[9] Duan H B, Zhang X Y, Wu J, etc. Max-min adaptive ant colony optimization approach to multi-UAVs coordinated trajectory replanning in dynamic and uncertain environments [J]. Journal of Bionic Engineering, 2009, 6 (2): 161-173.

的。为了加快蚁群算法的求解速度,Yang 等[1]结合聚类分析理论将研究问题分解为多个子问题并求解,最终依据一定规则合成得出研究问题的最优解。蚁群算法具有易于陷入局部最优解的缺陷,Mishra 等[2]结合云模型对此缺陷进行了有效控制。

三、基于正交设计及蚁群算法的动态疏导模型

在交通事件影响范围的控制区内,实施疏导措施的主要手段为交通管制与交通信号控制,以尽快达到抑制交通流拥堵的目的。然而,实际交通网络中的交通流并非是恒定不变的,而是具有时变的动态性,尤其是在交通事件发生后,这种动态特性尤为突出。因此,为了准确反映交通流的动态特性,制定科学的疏导方案,应以动态交通网络配流为基础,继而依据配流所得的最优解实时调整控制区内的交通管制方案及信号配时方案,最终达到快速缓解交通拥堵的目的。

动态交通网络配流是指在给定交通网络、路段特性函数以及随时间变化的 OD 交通率的基础上,获取路网上随时间变化的交通流形态以及走行时间等,将预测所得的短期交通需求进行交通量分配。由于需要考虑时变特性的缘故,传统的动态交通配流模型相对于静态配流模型而言是极其复杂的,无论是求解所需的计算时间还是计算容量都非常巨大,这也大大地削弱了其在工程应用上的可操作性和实用性。而对于道路交通事件的疏导过程而言,疏导措施的时效性尤为重要,它直接决定了措施的有效性。因此,传统的动态交通配流模型无法满足道路交通事件疏导方案生成的要求。

基于上述考虑,本书提出了结合蚁群算法及正交试验设计的动态交通网络配流模型,快速生成交通事件疏导配流方案,达到及时疏导、抑制拥堵的目的。

1. 问题描述

将问题可以简单描述为:给定一个多起点多讫点的城市路网,并已知时变

---

[1] Yang J, Xu M, Zhao W, etc. A multipath routing protocol based on clustering and ant colony optimization for wireless sensor networks [J]. Sensors, 2010, 10(5): 4521-4540.

[2] Mishra R, Jaiswal A. Ant colony optimization: A solution of load balancing in cloud [J]. International Journal of Web & Semantic Technology, 2012, 3(2): 33-50.

起讫点（OD）需求，现有多名出行者进入此路网并需分别从对应的起点到达讫点，要求找出总行程时间最短的路径选择方案。

出行者从起点出发至讫点的路径并非是在起点处一次性决定的，而是每到达一个节点后，再重新选择此节点到终点的路径，直至到达终点。在此出行过程中，出行者的路径选择行为主要由两个因素决定：出行者出行前的路径预测信息及出行中实时路况信息的反馈。当交通流处于自由流状态时，出行者的出行选择行为应主要以出行前的路径预测信息为依据，选择自由流状态下的最短路径；当交通流处于拥挤流状态时，出行者的出行选择行为则应主要以出行中实时路况信息的反馈为依据，选择此时交通量较小、出行距离较短且出行时间较少的路径。

2. 相关符号及定义

设城市路网有向图 $G=(V,E)$，其中 V 为节点集合，l 为节点，r 为起点，s 为终点，且 $\forall l,s,r \in V$；E 为路段集合，a 为相邻两节点间的路段，且 $\forall a \in E$；A_l 为进入节点 l 的路段集合，B_l 为离开节点 l 的路段集合。此时，给定研究时段为 $[0,T]$，且对于 $\forall t \in [0,T]$，引入如下变量：

$x_a^s(t)$ 表示 t 时刻路段 a 上要去往终点 s 的流量；

$x_a(t)$ 表示 t 时刻路段 a 上的流量；

$u_a^s(t)$ 表示 t 时刻进入路段 a 要去往终点 s 的流入率；

$v_a^s(t)$ 表示 t 时刻离开路段 a 要去往终点 s 的流出率；

$g_l^s(t)$ 表示 t 时刻节点 l 产生的要去往终点 s 的流率；

$c_a(t)$ 表示 t 时刻路段 a 上的瞬时阻抗。

3. 目标函数及约束条件

（1）目标函数

本书以系统最优为动态交通配流原则，即在研究时段内，将动态交通需求分配到路网中，使总行程时间最小。依据此原则，可将目标函数表示如下：

$$Z = \min \sum_{a \in E} \int_0^T c_a[x_a(t)] dt \qquad (5.7)$$

其中，Z 表示路网的总行程时间，路段阻抗函数 $c_a[x_a(t)]$ 的确定是动态交通配流的关键所在。以往有不少学者对此进行了深入研究。其中有些学者将静态 BPR（The Bureau of Public Roads）函数进行一定的改造推广，用于动态交通网络配流中；但这种方式不仅需要大量真实数据用以标定调节参数，并且很难描绘交通流的真实状况。[①②] 还有一些学者认为，路段阻抗只与路段流量相关，与路段流入率、流出率均无关，基于此给出了相对应的路段阻抗函数；但这种类型函数的精度及适用性被许多学者所质疑。[③] 另外，为使路段阻抗函数能真实地反映道路交通流状况，一些学者采用 LWR、元胞自动机、运动波等交通流模型模拟得出阻抗估计值；但这种方式的计算效率较低，实用性不强。[④] 由于第三章中所提出的普通城市道路交通事件影响范围预测模型较前面所述的交通流模型，计算更为简易，并能有效地对交通流传播进行模拟，因此，本书将通过采用此模型仿真计算得出路段阻抗值，这样既能有效地提高函数的计算效率，同时又能保证其真实性及计算精度。

依据前文有关章节的描述，可将路段阻抗函数表示如下：

$$c_a(t) = \begin{cases} \dfrac{\sum_{h \in N} c_a^h(t)}{x_a(t)}, & N_a \neq 0 \\ \max[c_a(0), c_a(t-1)-1], & N_a = 0 \end{cases} \quad (5.8)$$

式中，N_a 表示 t 时刻路段 a 上的出行者数，即 $N_a = x_a(t)$；$c_a^h(t)$ 表示 t 时刻第 h 位出行者经过路段 a 所需要的时间；$c_a(0)$ 表示初始时刻出行者以自由流速度通过路段 a 所需的时间，即 $c_a(0) = \dfrac{d_a}{v}$，其中 d_a 为路段 a 的长度，v 为自由流速度。

（2）约束条件

结合上述问题，给出以下几个约束条件：

---

① Ran B, Boyce D E. Modelling dynamic transportation networks: an intelligent transportation system oriented approach [C]. 1996.

② Singh R. Beyond the BPR curve: Updating speed-flow and speed-capacity relationships in traffic assignment [C]. In Fifth National Conference on Transportation Planning Methods Applications-Volume II: A Compendium of Papers Based on a Conference Held in Seattle, Washington, 1995.

③ Daganzo C F. Properties of link travel time functions under dynamic loads [J]. Transportation Research Part B: Methodological, 1995, 29（2）: 95–98.

④ Florian M, Mahut M, Tremblay N. Application of a simulation-based dynamic traffic assignment model [J]. European Journal of Operational Research, 2008, 189（3）: 1381–1392.

①设定初始时刻给定路网的流量为零,即 $x_a^s(0)=c$,$\forall a,s$;那么在 t 时刻路段 a 上的流量则可更新为:

$$x_a^s(t) = \int_0^t \left[u_a^s(\omega) - v_a^s(\omega) \right] d\omega + x_a^s(0), \quad \forall a,s,t \qquad (5.9)$$

②上文引入所有变量均为非负值,即 $x_a^s(t) \geq 0$,$u_a^s(t) \geq 0$,$v_a^s(t) \geq 0$,$\forall a,s,t$;

③任意节点均满足流量守恒约束,进入该节点的流入量与该节点产生的流量之和等于该节点的流出量,即:

$$\sum_{a \in A_l} v_a^s(t) + g_l^s(t) = \sum_{a \in B_l} u_a^s(t), \quad 且 \ l \neq s \qquad (5.10)$$

4. 基于正交设计的蚁群算法

蚁群算法作为近年来新兴的一种仿生优化算法,固然具有其他算法不可替代的一些优点,但是与其他算法类似,它同样也具有不可避免的缺点,其中尤以搜索时间长、易陷于局部最优解这两点最为突出。在算法的初始化阶段,由于各路径的信息素量均相等,蚂蚁将在可行解空间内随机选择路径,需通过长时间的搜索进行信息素的更新和累积,得出此时的较优路径,即使有分布式并行计算机制的作用仍无法避免其运行效率低下的问题。另外,蚂蚁是通过信息素的反馈进行路径搜索的,在此过程中,当出现所有蚂蚁搜索的解趋于一致时,搜索即会面临停滞,此时极可能出现陷入局部最优解、错过全局最优解的情况。因此,为了有效弥补上述两个主要缺陷,本书将通过采用正交试验设计的方法生成初始解,并改进信息素的更新方式及状态转移概率的确定方法,以实现对蚁群算法的优化。

(1)算法描述

由于正交设计法均匀分散、齐整可比的特性,一个正交数组即指定了一个均匀散布在所有解组合空间中的最小数量的组合。若将正交设计用于优化蚁群算法的初始化过程,则能使初始解均匀分布于可行解空间中,实现在可行解空间内的均匀搜索,确保全局最优解的生成,有效地避免其在获取局部最优解后停滞不前的情况发生。另外,由于通过正交设计法可以获取极少数量、具有代表性的初始解的组合,这便大大提高了搜索初始解群的效率,有效地缩减了搜索时间。因此,正交设计法可以使蚁群算法在收敛速度及搜索最优路径方面均得到明显改善。

具体算法描述如下:

①令任意路段 (i, j) 的初始信息素量 $\tau_{ij}(0) = c'$（c' 为一常数），且令初始信息素增量 $\Delta \tau_{ij}(0) = 0$。

②在已知给定路网中 OD 对数量 k 及各 OD 对间可选路径数 m 的情况下生成正交表 $L_n(m_1 \times m_2 \times \cdots \times m_k)$，构造一个方案数为 n 的路径分布表。

③依据初始时段的 OD 需求量设定初始蚂蚁数量，并分别将蚂蚁放置于各个起始节点的位置。

④令初始蚂蚁随机选择任意起点 r 作为初始位置，并分别依据起点 r 所对应的正交路径方案，使蚂蚁逐步从起始节点 s 转移至讫点 s 为止。

⑤每只蚂蚁独立完成从起点 r 到讫点 s 的搜索过程，并且任意节点 l 都仅能被访问一次。

⑥对蚂蚁所经过的路段进行局部信息素更新，并依据流量更新公式对各个时间段的路段交通流量进行更新。

⑦转至④，直至所有隶属于起讫点 (r, s) 上的蚂蚁均从起点到达终点为止。

⑧将初始蚂蚁的数量重置，并依次根据 n 个正交路径方案，进行新一轮的搜索,直至所有蚂蚁完成 n 次迭代为止。

⑨依据由正交数组所决定的路径确定每条路段所对应的初始解 $x_a(t)$，并利用普通城市道路交通事件影响范围预测模型仿真计算每组初始解所对应的阻抗函数值 $c_a^h(t)$（第 h 只蚂蚁所对应的路段 a 的阻抗值），进而得出各组初始解所对应的目标函数值。

⑩统计得出每个 OD 对下，各条可选路径对目标函数的影响值，并依据统计结果，从各个 OD 对中选取最优路径，然后对各条最优路径进行全局信息素更新。

⑪将最优路径重新组合，生成最终的初始方案，得出此时的目标函数值记为 Z^*，对应的解记为 $x_a^*(t)$。

⑫依据相应的 OD 需求量重置下一时段的蚂蚁数量，并将蚂蚁重新放置于起始节点的位置。

⑬依据状态转移规则进行路径选择，并对蚂蚁所选路段进行局部信息素

更新,同时对流量进行更新。

⑭进一步搜索路径,直至所有蚂蚁到达对应的终点,确定此时每个 OD 对下的最优路径,并对其进行全局信息素更新。

⑮转至⑩继续迭代,直至所有研究时段的蚂蚁均从起点到达终点为止。

（2）信息素量更新方式

依据蚁群算法的基本原理,蚂蚁会在经过某条路径时释放一定数量的信息素,而这种信息素是蚂蚁选择路径的一种启发因子。当某路径出行成本越小,信息素量就会越大,吸引的蚂蚁数就会越多,继而进一步地增加该路径信息素的数量,这将直接导致其他启发因子的作用被忽略,且由于该路径的蚂蚁数量聚集过多而导致其出行成本上升。为避免此情况发生,本书将信息素量更新方式设定如下:

①全局信息素量更新方式

在每次循环之后,需对路径进行信息素量的更新,此处选择采用蚁群系统（Ant Colony System）的全局更新方式,不再对所有路径进行更新,而是只对本次循环中的最优路径更新。具体方式可用下式来描述:

$$\tau_{ij} \leftarrow (1-\partial) \cdot \tau_{ij} + \partial \Delta \tau_{ij}^{rs} \quad (5.11)$$

$$\Delta \tau_{ij}^{rs} = \begin{cases} \dfrac{1}{L_{rs}^*}, 若路段(i,j)属于OD对(r,s)间的最优路径 \\ 0, 否则 \end{cases} \quad (5.12)$$

式中,τ_{ij} 为路段 (i,j) 上的信息素量,∂ 为路径上信息素的挥发系数,$\Delta \tau_{ij}^{rs}$ 为 OD 对 (r,s) 间路段 (i,j) 上信息素的增量,L_{rs}^* 为本次循环中 OD 对 (r,s) 间的最优路径长度。

②局部信息素量更新方式

在所有蚂蚁完成一次路径选择后,可按下式对路段进行信息素量的更新:

$$\tau_{ij} \leftarrow (1-\partial) \cdot \tau_{ij} + \partial \Delta \tau_{ij} \quad (5.13)$$

式中,$\Delta \tau_{ij}$ 为蚂蚁完成一次转移后的路段 (i,j) 上信息素的增量。$\Delta \tau_{ij}$ 通常有三种取值方式:①$\Delta \tau_{ij}=0$;②$\Delta \tau_{ij} = \tau_{ij}(0)$,$\tau_{ij}(0)$ 为初始时刻路段 (i,j) 上的信息素量;③$\Delta \tau_{ij} = \gamma \cdot \max_{s \in J_k(j)} \tau_{js}$,$J_k(j)$ 为第 k 只蚂蚁在访问完节点 j 后需访问的城

市集合。经研究分析得出，第一种取值方式在求解性能方面通常比后两种取值方式要差，而后两种取值方式在性能方面的表现相差甚少，但由于第②种方式所需的计算量较小，因此通常采取 $\Delta\tau_{ij} = \Delta\tau_{ij}(0)$ 的这种方式用于局部更新。即可将上式更新表示为：

$$\tau_{ij} \leftarrow (1-\partial)\cdot\tau_{ij} + \partial\tau_{ij}(0) \tag{5.14}$$

③确定状态转移概率

基于上文的问题描述，此处的状态转移概率即为出行者在路径选择中选择下一节点的概率。此概率值除了由蚂蚁之间相互协作所依据的信息素来决定外，路段流量及其路段长度也是主要影响因素。因此，可将此处的状态转移概率表示如下：

$$p_{ij}^{k}(t) = \begin{cases} \dfrac{\tau_{ij}(t)\cdot\left[\eta_{ij}\cdot\varepsilon_{ij}\right]^{\beta}}{\sum\limits_{l\in allowed_k}\tau_{il}(t)\cdot\left[\eta_{il}\cdot\varepsilon_{il}\right]^{\beta}}, & 若 j\in allowed_k \\ 0, & 否则 \end{cases} \tag{5.15}$$

式中，$p_{ij}^{k}(t)$ 为 t 时刻蚂蚁 k 在节点 i 处选择转移至节点 j 的概率；η_{ij} 为路段长度 d_{ij} 的倒数，即 $\eta_{ij} = \dfrac{1}{d_{ij}}$；$\varepsilon_{ij}$ 为路段流量 q_{ij} 的倒数，即 $\varepsilon_{ij} = \dfrac{1}{q_{ij}}$（当 $q_{ij} = 0$ 时，取 $\varepsilon_{ij} = 1$）；$allowed_k$ 为位于节点 i 处的蚂蚁 k 下一步所能选择的节点集合；β 为一个启发性参数，表示包括路段长度和路段流量在内的其他启发因子相对于信息素的重要程度（$\beta > 0$）。通过此式可得，出行者将会更倾向于选择信息素量较大、路段长度较短、交通流量较小的路段。

为了使出行者在路径选择中更大可能地选择启发因子及信息素量均较大的路段，本书采用伪随机比例规则来实现下一节点的选择，即设定一概率值 P_0（$0 \leq P_0 \leq 1$），并取一随机数 P（$0 \leq P \leq 1$）。当 $P \leq P_0$ 时，位于节点 i 的出行者 k 将选择转移至信息素量最大且启发因子最大的节点；而当 $P > P_0$ 时，位于节点 i 的出行者 k 将依据式 5.15 选择下一步转移的节点。此时出行者从节点 i 转移至节点 j 的状态转移规则可表示如下：

$$j = \begin{cases} \arg\max\limits_{l \in allowed_k} \tau_{il}(t) \cdot [\eta_{il} \cdot \varepsilon_{il}]^{\beta}, & 若 P \leqslant P_0 \\ J, & 若 P > P_0 \end{cases} \quad (5.16)$$

式中，J 表示依据式 5.15 所决定的随机变量。

5. 算法实现步骤

下面将算法的具体实现步骤设计如下：

Step1 初始化。令时段 $n_c = 1$，并设置离散时间段的总数为 N_c，并令任意路段 (i, j) 的初始信息素量 $\tau_{ij}(0) = c'$（c' 为一常数），且初始信息素增量 $\Delta \tau_{ij}(0) = 0$。

Step2 确定蚂蚁数量。依据初始时段的 OD 需求量设定初始蚂蚁数量，并分别将蚂蚁放置于起始节点的位置。

Step3 生成初始解。依据给定路网中的起讫点，运用正交实验设计法产生一组蚂蚁搜索的初始路径方案，令所有初始蚂蚁完成搜索后，根据式 5.14 对所选路段上的信息素量进行更新，并通过计算分析对比得出最小目标函数值、初始解及最优路径。

Step4 更新全局信息素量。根据式 5.11、式 5.12 分别对各 OD 对下的最优路径的信息素量进行更新。

Step5 重置蚂蚁数量。依据相应时段的 OD 需求量重新设定蚂蚁数量，并分别将蚂蚁放置于各个起始节点的位置。

Step6 路径选择。根据式 5.15 及式 5.16 的状态转移规则，使蚂蚁逐步从起始节点转移至终点。

Step7 更新局部信息素量及流量。根据式 5.14 对蚂蚁所选择路段的信息素量进行更新，并依据式 5.9 更新路段的交通流量。

Step8 转至 Step4，直至所有 OD 对中的所有蚂蚁均完成从起点到终点的转移。

Step9 令 $n_c = n_c + 1$，若此时 $n_c < N_c$，则转至 Step4；若 $n_c = N_c$，则循环结束，完成所有时间段的搜索工作。

Step10 输出最优解，即输出各时间段各路段上的交通流量。

6. 算法的程序结构流程

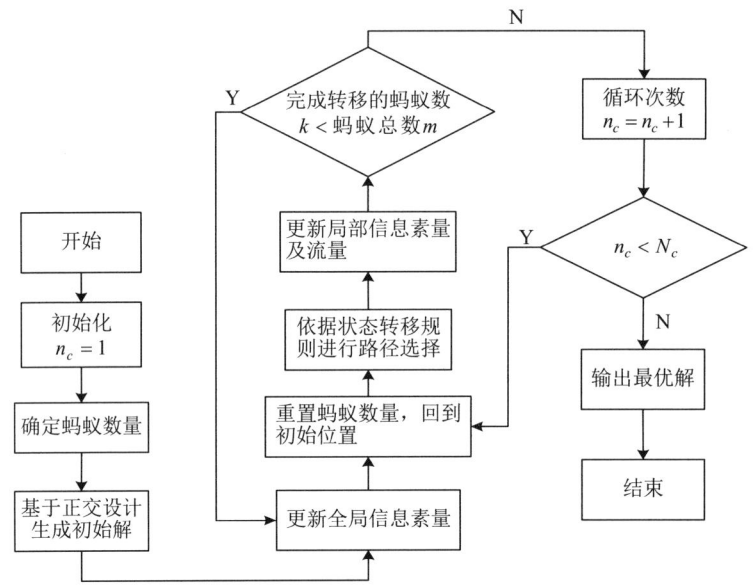

图 5-3　基于正交设计的蚁群算法的程序结构流程图

根据上文所述，将算法的程序结构流程图绘制如图 5-3 所示。

第四节　实例分析

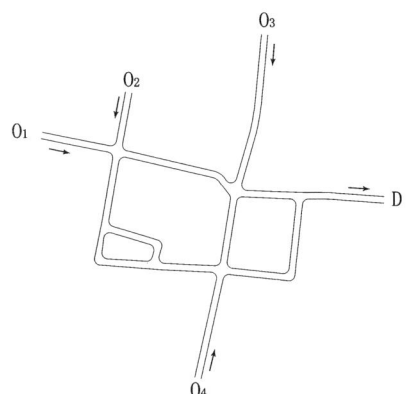

图 5-4　控制区原始路网

为了对上述控制区交通疏导策略下的交通流疏导模型进行验证，本节以第三章第三节中所选用的交通事件为例，并依据实测数据及预测所得事发后的主要参数，可得此事件的控制区范围如图5-4所示。为了便于分析，可将此区域简化为如图5-5所示的路网结构。其中，路段上的数字表示路段长度（单位：m）。

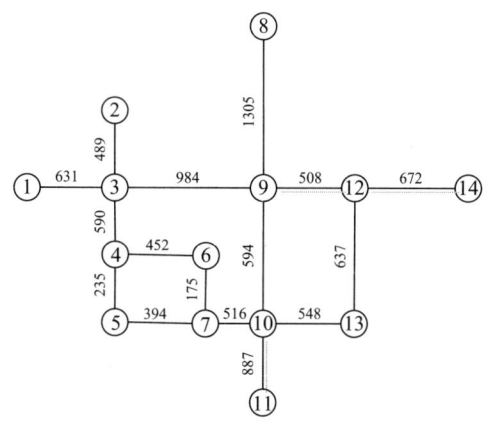

图 5-5 路网示意图

此控制区的疏导目的是将前往处置区的车辆引导避开此区域并快速到达前方目的地。依据此目的，可将节点①、②、⑧、⑪ 设为起点 O_1、O_2、O_3、O_4，将节点 ⑭ 设为终点 D。由上述起讫点可得 4 个 OD 对及其对应的路径，如表 5-2 所示。

表 5-2 各 OD 对路径信息表

OD对	路径编号	路径走向
(O_1, D)	1	①→③→④→⑤→⑦→⑩→⑨→⑫→⑭
	2	①→③→④→⑥→⑦→⑩→⑨→⑫→⑭
	3	①→③→④→⑤→⑦→⑩→⑬→⑫→⑭
	4	①→③→⑨→⑩→⑬→⑫→⑭
	5	①→③→⑨→⑫→⑭
	6	①→③→④→⑥→⑦→⑩→⑬→⑫→⑭
(O_2, D)	7	②→③→④→⑥→⑦→⑩→⑨→⑫→⑭
	8	②→③→④→⑤→⑦→⑩→⑨→⑫→⑭
	9	②→③→④→⑥→⑦→⑩→⑬→⑫→⑭

续表

OD对	路径编号	路径走向
(O_2, D)	10	②→③→⑨→⑩→⑬→⑫→⑭
	11	②→③→⑨→⑫→⑭
	12	②→③→④→⑤→⑦→⑩→⑬→⑫→⑭
(O_3, D)	13	⑧→⑨→⑩→⑬→⑫→⑭
	14	⑧→⑨→⑫→⑭
	15	⑧→⑨→③→④→⑤→⑦→⑩→⑬→⑫→⑭
	16	⑧→⑨→③→④→⑤→⑦→⑩→⑬→⑫→⑭
(O_4, D)	17	⑪→⑩→⑬→⑫→⑭
	18	⑪→⑩→⑦→⑤→④→③→⑨→⑫→⑭
	19	⑪→⑩→⑦→⑥→③→⑨→⑫→⑭
	20	⑪→⑩→⑨→⑫→⑭

依据事件信息及预测数据可得，事件发生于节点⑨→⑫的路段上，并且事件影响将持续60min，因此将研究总时长设置为60min，且依据研究时段内采集的流量数据，可得各个时段的交通需求（如表5-3所示）。

表5-3 各时段OD对交通需求表（veh/h）

OD对	时段											
	1	2	3	4	5	5	7	8	9	10	11	12
(O_1, D)	52	59	68	70	73	74	80	57	61	61	65	61
(O_2, D)	31	32	26	36	37	34	36	36	40	42	37	39
(O_3, D)	31	42	34	48	84	52	39	38	43	54	47	45
(O_4, D)	30	36	28	35	34	39	26	36	27	36	34	40

表5-4 初始路径方案

方案	(O_1, D)	(O_2, D)	(O_3, D)	(O_4, D)	总行程时间（veh·h）	方案	(O_1, D)	(O_2, D)	(O_3, D)	(O_4, D)	总行程时间（veh·h）
1	3	12	13	19	11.31	26	1	9	15	17	11.66
2	5	10	13	17	13.85	27	1	7	14	19	16.25
3	4	11	13	20	14.32	28	1	8	16	19	17.24

续表

方案	(O_1, D)	(O_2, D)	(O_3, D)	(O_4, D)	总行程时间（veh·h）	方案	(O_1, D)	(O_2, D)	(O_3, D)	(O_4, D)	总行程时间（veh·h）
4	6	8	13	20	13.11	29	4	7	15	19	17.17
5	1	11	14	18	16.13	30	2	9	15	17	11.98
6	5	7	15	20	14.06	31	1	12	14	17	10.02
7	5	8	14	17	13.15	32	1	7	13	17	15.89
8	5	12	15	18	11.54	33	6	10	16	17	12.92
9	3	9	14	20	10.22	34	1	10	14	20	17.15
10	6	11	15	19	12.34	35	2	8	15	18	17.48
11	3	10	14	18	12.72	36	6	7	14	18	12.27
12	3	7	15	19	16.86	37	2	12	13	19	15.88
13	4	10	13	18	16.29	38	1	11	15	17	15.67
14	1	9	16	18	16.17	39	1	10	15	19	17.46
15	3	7	16	17	11.97	40	1	7	13	19	16.78
16	4	12	16	18	16.96	41	1	7	13	17	15.89
17	1	8	13	19	17.18	42	4	9	14	19	11.97
18	6	9	13	18	13.23	43	2	10	14	19	15.85
19	5	9	13	19	13.26	44	2	7	13	18	16.83
20	4	7	15	17	16.07	45	6	12	15	17	10.55
21	6	7	14	19	13.17	46	2	11	14	17	10.79
22	5	11	16	19	12.94	47	4	8	14	17	13.68
23	1	12	14	20	12.39	48	5	7	14	18	11.42
24	3	8	15	18	16.03	49	3	11	13	17	10.07
25	2	7	16	20	17.21						

此时，依据表 5-2 中所描述的路径信息可知，4 个 OD 对共对应有 20 条路径，若在初始化阶段，采用传统蚁群算法随机生成路径方案，则需从 576 个备选方案中搜索出最优路径。而应用上节提出的基于正交设计的蚁群算法，可以构造 $L_{49}(6^2 \times 4^2)$ 的正交表，产生 49 个均匀分散、齐整可比的初始路径方案，并快速搜索得出其中的最优路径。

结合表 5-3 所示的第 1 时段的交通需求，通过迭代计算可以得到各路径方案下的总行程时间如表 5-4 所示。由表中数据直接分析可得，路径方案 31（1，

12，14，17）的总行程时间最短，即为初始路径方案中的最优方案，但此方案却不一定是最优的路径组合方案。

因此，将每个 OD 对下的各条可行路径作为其对应的各个水平，并基于初始路径方案的迭代结果进行统计分析，得出各条可选路径下的行程时间的总和及平均值，确定各路径对目标函数的影响，如表 5-5 所示。由表中数据可得各 OD 对下的最优路径分别为 6、9、14、17。将最优路径重新组合，生成最终的初始方案，获取初始解，并计算得出此时的目标函数值为 9.96veh·h，显然优于先前初始路径方案中的最优方案。

表 5-5 初始路径方案的统计结果

OD对	各水平的目标函数之和（veh·h）						各水平的目标函数平均值（veh·h）					
	水平1	水平2	水平3	水平4	水平5	水平6	水平1	水平2	水平3	水平4	水平5	水平6
(O_1, D)	215.88	90.14	89.18	89.50	90.22	87.59	15.42	15.02	12.74	14.92	12.89	12.51
(O_2, D)	211.84	107.87	88.49	89.95	92.26	88.65	15.13	15.41	12.64	14.99	13.18	12.66
(O_3, D)	203.89	180.03	206.02	105.41	—	—	14.56	12.86	14.72	15.06	—	—
(O_4, D)	178.49	209.52	208.88	98.46	—	—	12.75	14.97	14.92	14.07	—	—

表 5-6 各时段各路径的交通需求分配

路径	时 段										
	1	2	4	5	6	7	8	9	10	11	12
1	0	0	9	14	0	0	15	6	0	2	2
2	0	0	10	0	0	0	0	9	0	3	2
3	0	29	17	20	41	0	20	0	0	1	0
4	0	0	12	11	15	15	8	0	0	10	0
5	0	0	7	5	18	17	14	41	61	49	57
6	52	30	15	23	0	48	0	5	0	0	0
7	0	0	0	0	0	10	0	5	4	0	0
8	0	0	0	6	14	0	0	4	2	0	0

续表

路径	时段										
	1	2	4	5	6	7	8	9	10	11	12
9	31	16	17	14	0	14	0	2	1	0	0
10	0	0	0	6	0	0	0	10	0	8	4
11	0	0	0	3	0	12	36	17	33	29	35
12	0	16	19	8	20	0	0	2	2	0	0
13	0	17	18	22	19	0	10	7	9	6	7
14	31	25	17	38	20	39	26	32	40	39	36
15	0	0	13	24	13	0	2	2	5	2	1
16	0	0	0	0	0	0	0	2	0	0	0
17	30	19	12	34	39	26	15	18	28	34	40
18	0	0	0	0	0	0	0	0	0	0	0
19	0	10	12	0	0	0	9	3	3	0	0
20	0	7	9	0	0	0	12	6	5	0	0

此时，对上述各条最优路径进行全局信息素的更新，并依据上节提出的动态疏导模型令所有研究时段的蚂蚁均从起点搜索到终点，通过迭代计算可以得到各时间段各路径上的交通需求分配（如表5-6所示）。

依据上述结果，可继而得出各时段各路段的交通量分配方案。而为了验证模型的有效性，本书选择Nie[①]针对SO-DTA问题提出的基于元胞变量的M-N模型，进行交通量分配，并与文中所提模型得出的计算结果进行对比分析。此时，从研究路网内选取10条路段（编号为1~10分别对应节点①→③、③→⑨、⑨→⑩、⑨→⑫、②→③、④→⑥、⑩→⑨、③→④、⑦→⑩、⑬→⑫之间的路段），并分别作出通过两种模型所获取的各时段各路段流量分布图，如图5-6所示。对比图a）与图b）可以发现，两组数据的整体变化趋势较为相近，但是图a）中各时段的流量变化比较均匀，未出现如图b）中的流量急剧增加或急剧下降的现象。另外，结合表5-7中的标准差对比数据也可以看出，图a）中的流量数据标准差普遍较小，离散程度较小，数据波动也

---

① Nie Y M. A cell-based Merchant-Nemhauser model for the system optimum dynamic traffic assignment problem [J]. Transportation Research Part B：Methodological，2011，45（2）：329-342.

较小，流量分配比较均衡。

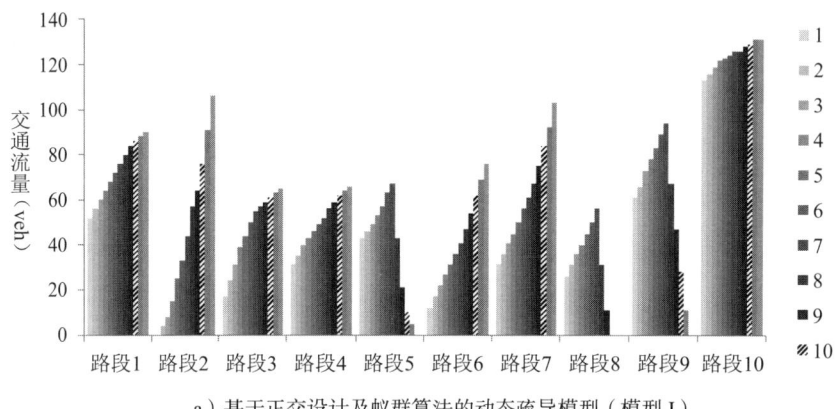

a）基于正交设计及蚁群算法的动态疏导模型（模型Ⅰ）

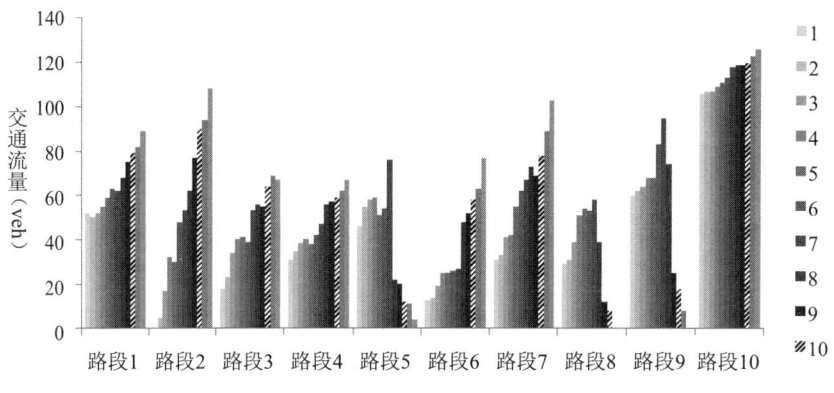

b）基于元胞变量的 M-N 模型（模型Ⅱ）

图 5-6　各时段各路段的交通流量分配情况

表 5-7　各路段的交通流量标准差对比表

路段编号		1	2	3	4	5	6	7	8	9	10
标准差	模型Ⅰ	13.03	35.42	22.47	11.55	23.15	20.79	16.10	20.04	30.53	5.74
	模型Ⅱ	13.07	35.81	22.97	11.94	23.72	21.32	16.75	21.50	31.10	6.85

为了进一步对文中构建的模型进行验证，可分别依据以上所得的两种交通需求分配方案，应用普通城市道路交通事件影响范围预测模型（ECTM-R），

对采用动态疏导模型后的控制区路网内的主要交通运行状况进行分析，计算得出包括事件影响长度、总行程时间、平均拥堵延误及平均行程速度在内的主要指标值，并将其与未采用此疏导模型的实测数据进行对比分析。

图 5-7 为采用两种模型后仿真所得的事件影响长度与实测数据的对比图。此处以事件发生时间为起始点，描绘了之后 60min 事件影响长度的变化情况。由图中可以看出，实测的事件影响长度在第 40min 时达到最大值 4615m，之后呈下降趋势，在第 60min 时恢复至事发前水平；在采用模型 I 后，事件影响长度是在第 35min 时达到最大值 3929m，并随后在第 45min 时即恢复至事发前水平；在采用模型 II 后，事件影响长度同样是在第 35min 时达到最大值 3987m，并随后在第 50min 时即恢复至事发前水平。可见，在采用由两种模型获取的配流方案后，拥堵形成时间均有一定程度的缩短，事件持续时间与拥堵疏导时间均明显减少，事件影响长度的平均水平亦有显著下降。另外，经对比发现，在采用由模型 I 获取的配流方案后，事件持续时间与拥堵疏导时间均要低于模型 II，达到的最大事件影响范围也要略低于模型 II。

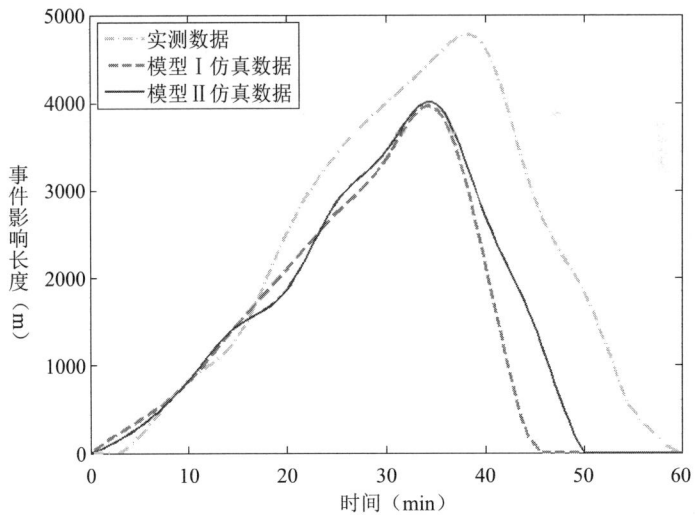

图 5-7　疏导前后事件影响长度对比图

除此之外，包括总行程时间、平均拥堵延误及平均行程速度在内的其他交通事件影响评价指标的对比情况如表 5-8 所示。其中，在应用文中构建的模型

Ⅰ后,总行程时间与平均拥堵延误的下降幅度均要高于模型Ⅱ,同时平均行程速度的上升幅度也要高于模型Ⅱ。

表5-8 交通事件影响评价指标对比表

评价指标	实际数据	模型Ⅰ		模型Ⅱ	
		仿真数据	结果对比（%）	仿真数据	结果对比（%）
总行程时间（veh.h）	347.34	286.73	-17.45	291.46	-16.09
平均拥堵延误（s）	212	178	-16.04	181.00	-14.62
平均行程速度（km/h）	10.03	11.38	13.43	11.17	11.37

综合以上分析说明,应用基于正交设计及蚁群算法的动态疏导模型后的交通需求分配更为合理,疏散速度更快,有效地降低了研究路网的拥堵成本,进而提高了路网交通的运行效率。

本章基于第三章所构建的交通事件影响范围预测模型,将预测所得的事件影响范围划分为三个不同的处置区域:处置区、控制区及预警区,并针对不同的区域特征分别提出了不同的疏导目的及疏导策略。在此基础上,以控制区为研究对象,提出了结合蚁群算法及正交试验设计的交通流疏导模型。结合所选定的路网及实测数据,快速生成了交通事件疏导配流方案,并对疏导模型的有效性进行了验证。本章的研究工作具体包括以下几部分:

(1)根据不同的路网条件及交通事件参数等指标,将预测所得的事件影响范围划分为三个不同的处置区域:处置区、控制区及预警区,并针对不同的区域特征分别提出不同的疏导策略,制定形成普通城市道路交通事件疏导策略的完整流程,有效控制交通事件对交通运行效率的影响。

(2)介绍了正交试验设计及蚁群算法的基本原理及其应用情况,结合这两种原理的特点,以控制区为疏导对象,构建了基于正交设计及蚁群算法的动态疏导模型,利用正交设计均匀分散、齐整可比的特性有效弥补了蚁群算法搜索时间长、易陷于局部最优解的两个主要缺陷,达到了快速生成交通事件疏导配流方案,以及时疏导、抑制拥堵的目的。

(3)结合具体路网及实测数据,应用基于正交设计及蚁群算法的动态疏导模型获取了配流方案,并与应用基于元胞变量的 M-N 模型获取的配流方案进行了对比分析,同时比较了两种配流方案下的交通事件影响评价指标。结果表明,应用基于正交设计及蚁群算法的动态疏导模型后所得到的配流方案更为均衡合理,能更为有效地提高控制区的疏导效率,降低交通事件引发的拥堵延误。

第六章 城市快速路交通事件疏导策略研究

快速路由于其速度快、效率高的特性，吸引了越来越多的出行者。由于快速路承担了过多的交通量，直接导致了快速路交通事件的频发。当交通事件发生后，通行能力骤然下降，原本高负荷的快速路必将承受巨大的交通压力，若此时的交通流未得到妥善地疏导处置，不仅快速路的运行效率将无法得到保障，与之相连的其他城市道路也必将受到严重影响。因此，本章将基于第四章所构建的快速路交通事件影响范围预测模型（ECTM-F），以可变信息标志为主导，针对快速路交通事件影响范围内的不同区域提出对应的疏导策略，使快速路的交通流得到有效的控制及诱导，以尽快恢复其原有的运行效率。

第一节 快速路交通事件特性及其疏导目标

快速路交通事件的拥堵扩散特性相较于普通城市道路而言有较大不同，究其原因，这主要缘于其区别于普通城市道路的一些主要特征。基于这些差别，可将快速路交通事件特性归纳为以下两点：

第一，快速路通常为全封闭状态，对向车行道之间设置中央分隔带，禁止非机动车与行人进入，且极少采用平面交叉的形式与其他道路连接。这使得快速路的交通流不易受到外界干扰，使其运行规律相对于普通城市道路而言更容易把握，继而更便于采取有效的交通管理措施。

从这点上来说，快速路与高速公路具有一定的共性，但是相对于高速公路而言，快速路的出入口匝道间距较小，以保证其与普通城市道路的紧密联系。这也直接导致了车辆出入快速路的频率大大增加，使车辆在出入口处频繁交会，在很大程度上影响到快速路主线及并行主干道的运行效率。因此，出入口处也成为快速路交通事件的高发区域，继而导致拥堵现象的频发。

第二，快速路的设计车速较高，一般为60km/h~100km/h，并且其与其他城市道路的衔接也较为紧密，使其具有较高的路网利用率及出行效率。因此，快速路对其沿线的交通需求具有极大的吸引效应，尤其是对于一些以快速路为主要交通通道的城市则更甚。例如，北京市主要快速路的长度仅占路网总长度的8%左右，却承载了近50%的交通出行量；上海市的快速路长度也仅占市区路网总长度的5%左右，却承载着市内40%的交通量。[①]

在此背景下，快速路的交通流常处于饱和状态或几近饱和状态，此时一旦发生交通事件，原有道路交通脆弱的平衡状态就会被瞬间打破。由于交通事件引起的驾驶人换道、观望等行为，以及大规模交通量等因素的多重影响，事件引发的拥堵范围将会迅速扩大，若未得到及时处理，与快速路相连的其他道路也将受到不同程度的影响。也正因为此，快速路上的交通事件相比于普通城市道路而言，往往会造成更大程度的影响。[②]

综合考虑以上所述快速路交通事件的特点，将实施快速路交通事件疏导策略的总体目标设定为：在交通事件发生之后，通过采用交通管控、交通诱导等手段，结合动态交通流数据，对快速路主线及出入口匝道的交通流进行疏导控制，在保证主线运行顺畅的前提下，尽可能地维持较高的车流速度并提高道路的利用率。

---

① 陈大山，孙剑，李克平. 城市快速路速度引导预测控制模型[J]. 交通运输工程学报，2012（1）：102-107.

② 吴玲涛，何勇，米晓艺，等. 浅析城市快速路交通事故特性[J]. 道路交通与安全，2008（5）：10-12.

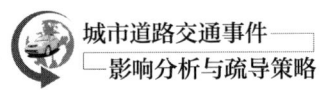

第二节 快速路交通疏导策略分析

一、交通事件影响范围的区域划分

为了快速有效地实现疏导策略的总体目标,本书基于第四章所构建的快速路交通事件影响范围预测模型,根据不同的路网条件及车流密度值等指标,将预测所得的交通事件影响范围同样划分为以下三个处置区域:处置区、控制区及预警区,并依据不同的区域特征,确定各个区域的控制目标。通过细化总体控制目标,并针对各个子目标分别提出不同的疏导策略,以快速实现对交通事件拥堵扩散的有效控制。

由于道路交通条件的变化,快速路交通事件影响区的区域划分条件也需随之进行调整,下面将三个区域的具体划分标准描述如下:

1. 处置区

将包括事发路段在内的,交通事件发生地点与上游最近有效节点之间的路段(不包括上游最近有效节点在内)划分为处置区。其中,将预计在救援到达之前仍未转为重度拥堵状态($\rho_i < 0.7\rho_{iJ}$)且距离事发地点最近的上游可分流节点称为上游最近有效节点。而可分流节点则是指可以提供交通流转移的所有节点,包括互通式立交、中央分隔带开口、服务区等。

这部分区域由于交通事件的发生,短时间内车流密度就会超过临界密度($\rho_i \geq \rho_{if}$ 或 $\rho_j \geq \rho'_{jf}$),转变为拥堵状态,继而达到重度拥堵状态,甚至是阻塞排队状态($\rho_i \geq \rho_{iJ}$)。因此,此区域的主要控制目标为控制拥堵扩散的源头、维护该区域内的运行秩序、限制外围车辆的进入,以免造成拥堵蔓延或引发二次事件。

2. 控制区

将包括上游最近有效节点在内的，处于处置区上游且预计在事件持续时间内达到重度拥堵状态（$\rho_i \geqslant 0.7\rho_{i,J}$）的元胞所处路段划分为控制区。由于控制区位于处置区的上游，因此若不采取相应有效的疏导措施，处置区内的拥堵则极易扩散至此区域，使得处于此区域内的车辆在事发后一段时间内也逐步处于重度拥堵状态，甚至是阻塞状态。

由于在这部分区域内包含有可分流节点，因此，此区域的主要控制目标为限制该区域内的车辆进入处置区，并将此区域内的车流进行分流转移，引导部分车辆选择其他并行的城市道路完成出行目的，以降低该区域内的交通压力并避免交通压力转嫁至处置区，导致拥挤状况的进一步衍生。

3. 预警区

将受控区域内处于控制区上游且预计在事件持续时间内会出现拥堵状态但不能达到重度拥堵状态（$\rho_{if} \leqslant \rho_i < 0.7\rho_{i,J}$）的元胞所处路段划分为预警区。经预测，处于此区域内的车流在事件持续时间内可能会出现轻度拥堵或是中度拥堵的现象，若此时有诸如二次事件等外界影响的作用，预警区内的车流将极易从较轻程度的拥堵状态过渡至重度拥堵状态或是阻塞排队状态。因此，此时选取适当的交通管控措施就显得尤为重要。

本书将此区域的主要控制目标设定为通过适当的交通组织管理手段，减缓该区域内的车辆进入控制区的速度，以避免下游交通压力的增加及拥堵状态的加速蔓延。

二、不同区域内的交通疏导策略

在快速路上实施交通疏导通常采取如图 6-1 所示的主线控制、交通诱导及匝道控制三种方式，具体实施方案多为采用其中某种方式或是此三种方式的组合。

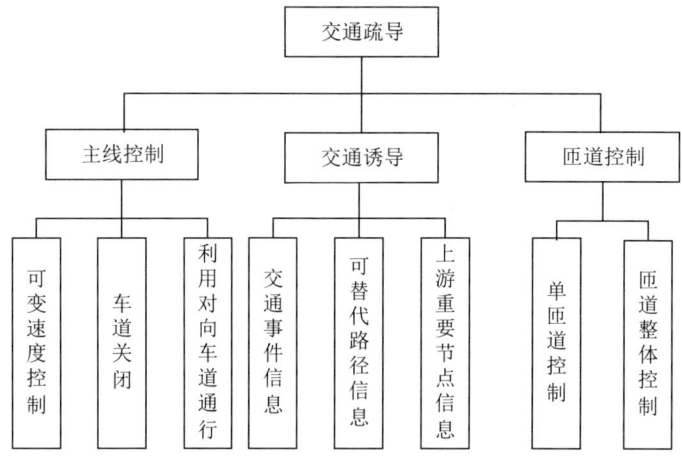

图 6-1 主要交通疏导方式

其中，主线控制是指依据道路设施的布设情况及交通状况，对快速路主线交通进行的调节、警示及控制。其主要目的是，对快速路主线交通上的交通拥堵及运行安全等问题进行缓解与改善。针对交通事件的主线控制方式主要为可变速度控制、车道关闭及利用对向车道通行。

交通诱导是指通过向出行者提供可靠、有效的路况信息，实现对其出行行为的合理引导和控制。其主要目的是，使交通流在快速路及与其相关的其他城市道路上实现均衡分配。针对交通事件的交通诱导内容主要包括三个方面：交通事件的基本情况、事发路段的可替代路径及事发路段上游重要节点的交通状况。

匝道控制是指通过控制入口匝道流量，实现匝道上、下游快速路主线交通量的平衡。其主要目的是，使快速路的交通需求始终不超过其供给能力，以避免拥堵状况的发生。在交通事件发生后，单入口匝道控制往往无法有效消除事件对快速路主线及其周边路段带来的影响，因此在设备条件允许的前提下，匝道整体控制通常是处理交通事件的最佳选择。

依据上述交通事件影响范围的区域划分，并结合各个区域的控制目标，可将各个区域内的交通拥堵疏导策略设定如下：

1. 处置区

由于交通事件的原因，此区域内的车辆在实施救援之前已处于重度拥堵甚至是阻塞排队状态，此时对可替代路径及事发路段上游重要节点的交通诱导信息已失效。因此，主要通过主线控制、匝道控制及发布交通事件的基本情况信息，对此区域内的车流进行有效的动态管理。

通过主线控制中的可变速度控制限制车辆进入事发路段，利用车道关闭保护事发现场，并可选择采取对向车道通行的方式疏导事发路段的交通、尽快恢复该路段原有的通行能力；采取匝道控制的方式限制进入此区域的交通需求；通过发布交通事件的持续时间、严重程度等基本信息缓解出行者的焦躁情绪。

2. 控制区

在此区域内的车辆若未在可分流节点处选择其他道路出行，则必将增加下游处置区的交通压力。因此，诱导车辆选择其他路径是此区域实施疏导措施的首要工作。

通过发布可替代路径及交通事件实时拥堵状况的交通诱导信息，引导车辆选择其他路径，控制进入处置区的交通量。在此基础上，利用主线控制及匝道控制进一步管理此区域内的交通流量，以缓解其对下游区域施加的交通压力。

3. 预警区

在此区域内的车流虽然在预测所得的事件持续时间内不会发生阻塞排队的现象，但却已处于较轻程度的拥堵状态，一旦发生类似车辆抛锚、刮擦等常见的二次事件，拥堵即会迅速扩散，在与下游交通事件的双重作用下，拥堵程度会快速加剧，极大地增加交通疏导难度。因此，为避免此类事件的发生，控制运行速度及车距是此区域内疏导工作的首要任务。

此处主要通过主线控制的方式限制车流速度及车辆行驶间距，以增加下游区域的缓冲时间，避免遭遇下游区域的拥堵排队，并降低二次事件发生的概率；在事件影响程度较小的情况下，此处无须采取交通诱导及匝道控制的疏导方式，为防止出现"拥堵转移"的现象，并对事件影响区外围路网的正常运行秩序产生过多影响。

根据上文描述，制定快速路交通事件疏导策略的流程图（如图 6-2 所示）。

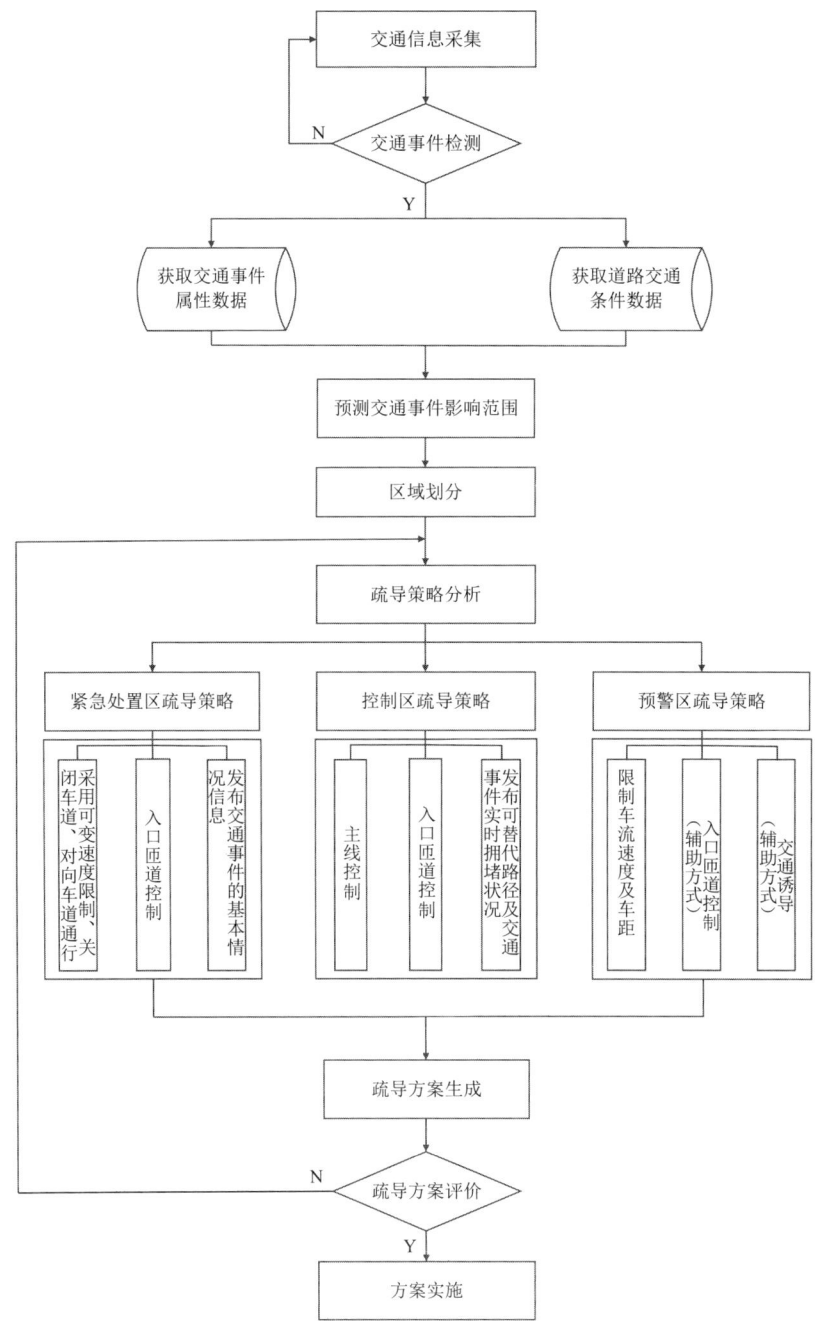

图 6-2 快速路交通事件疏导策略的制定流程图

第三节 基于 VMS 的不同区域疏导方案设计

依据上文设定的快速路交通事件疏导策略，下面将重点基于 VMS（可变信息标志）对快速路主线的疏导方案进行研究。

传统的交通信号控制系统是利用信号控制系统，被动地对道路通行权进行合理配置，以达到行车延误最小的目的。由于需要保证快速路主线的运行效率，因此传统的信号控制手段在主线上并不适用，通常只将其应用于出入口匝道的控制上。而近年来由于 VMS 的广泛推广及应用，以 VMS 为主导的交通诱导技术已成为快速路主线交通管理与控制的主要手段。与传统的交通信号控制系统不同，VMS 可以通过文本、图像、数字等合成信号提供道路几何条件、路面路况、路段交通和社会公众服务等各种信息，使驾驶人能够及时调整其驾驶行为，主动地实现路网交通流的最优配置，以达到缓解交通拥堵、减少交通事故、提高路网通行能力的目的。因此，基于 VMS 的疏导控制系统可以通过发布多种不同类型的信息内容引导出行者的出行。

在发生交通事件的情况下，依据不同的交通状况及信息内容的重要程度，VMS 发布的信息内容主要可分为五种类型，按照信息的重要程度从低到高排序，依次为：提示信息、预警信息、建议信息、诱导信息及管制信息。假设驾驶人对 VMS 发布的各类诱导信息的服从率为固定值，且与信息的重要程度成正比，当信息的重要程度越高时，对应的驾驶人服从率也越高。

1. 提示信息

依据恶劣天气、施工、大型集会、交通事故等交通事件的实际情况，发布相关的提示信息，以引起出行者的关注，减少快速路发生交通拥堵及交通事件的概率。此类信息的重要程度最低，主要包括诸如"下雨路滑 车辆慢行""前方施工""前方事故"之类的信息内容。

2. 预警信息

在发生交通事件后，为使出行者明确事件的具体情况，应发布事件发生位置、与 VMS 设置位置之间的距离及前方拥堵程度等事件信息，并结合实际路况及交通事件的严重状态，实时发布交通事件的预计延误时间、受影响路段的预计行驶时间等，为出行者提供便利。此类信息的重要程度较之提示信息稍高，具体信息内容如："前方×km事故""事故持续时间×h""前方交通拥堵，减速慢行"等。

3. 建议信息

为了尽量缓解交通事件对驾驶人出行的影响，减少拥堵延误，提高出行安全，VMS应针对出行方式、速度控制、车距限制等发布相关信息，为出行者提供相对安全有效的出行建议。其中，速度控制信息是通过提供路段的最佳行驶速度，使通行能力达到最大。建议信息的重要程度较之预警信息稍高，具体信息内容如："时速×km，车距大于×m""前方事故，请排队等待""前方事故，借道通行"等。

4. 诱导信息

诱导信息是指依据实时交通状况，结合发布时间地点所发布的路径诱导信息。此类信息的关键就在于针对当前地点所提出的可替代路径，出行者可根据信息内容改变出行路径，实现交通流的最优配置。诱导信息的重要程度较之建议信息稍高，具体信息内容如："前方事故，前往××路方向的车辆请从××路绕行""前方事故，请从××、××出口下快速路"等。

5. 管制信息

管制信息是由于道路施工、交通事故等情况的发生，出于对交通安全及事发现场保护的考虑，而发布的强制出行者必须执行的信息。此类信息主要包括限制车速、关闭车道、关闭道路等内容。这类信息的重要程度最高，主要包括诸如"前方事故，车道关闭""前方路段封闭，请从××出口下"等之类的信息内容。

结合上述各类信息的特征，本书将分别针对不同的处置区域，研究分析基于VMS的快速路交通事件疏导方案。

一、处置区的疏导方案

依据处置区的交通拥堵疏导策略，此区域内的路段主要应采取主线控制及入口匝道控制等措施。相应地，应通过VMS发布以下三种类型的信息：预警信息、管制信息及建议信息。具体实施思路如图6-3所示。

1. 预警信息

在发现交通事件后，通过道路检测器获取事发地点离VMS的实际距离，将事发路段的实测密度 ρ 与临界密度 ρ_f 及阻塞密度 ρ_J 进行对比，判断此时事发路段的交通流状态。然后，将以上信息通过事发路段上游的 VMS 对上游出行者提出警示，使出行者对前方路况作出预判。

除此之外，为了在一定程度上排解出行者在排队等待的过程中产生的焦躁情绪，提前告知前方事件的预计持续时间或是路段交通恢复正常状态所需的时间，对于缓解出行者此时的情绪能起到关键性的作用。而此处的时间预报信息则可以通过第四章第一节中的预测模型计算得出。

2. 管制信息

在处置区内，依据交通实际状况主要考虑采取两种交通管制手段：入口匝道控制与车道封闭，并通过事发地点上游布设的 VMS 将前方的具体管制情况告知出行者。

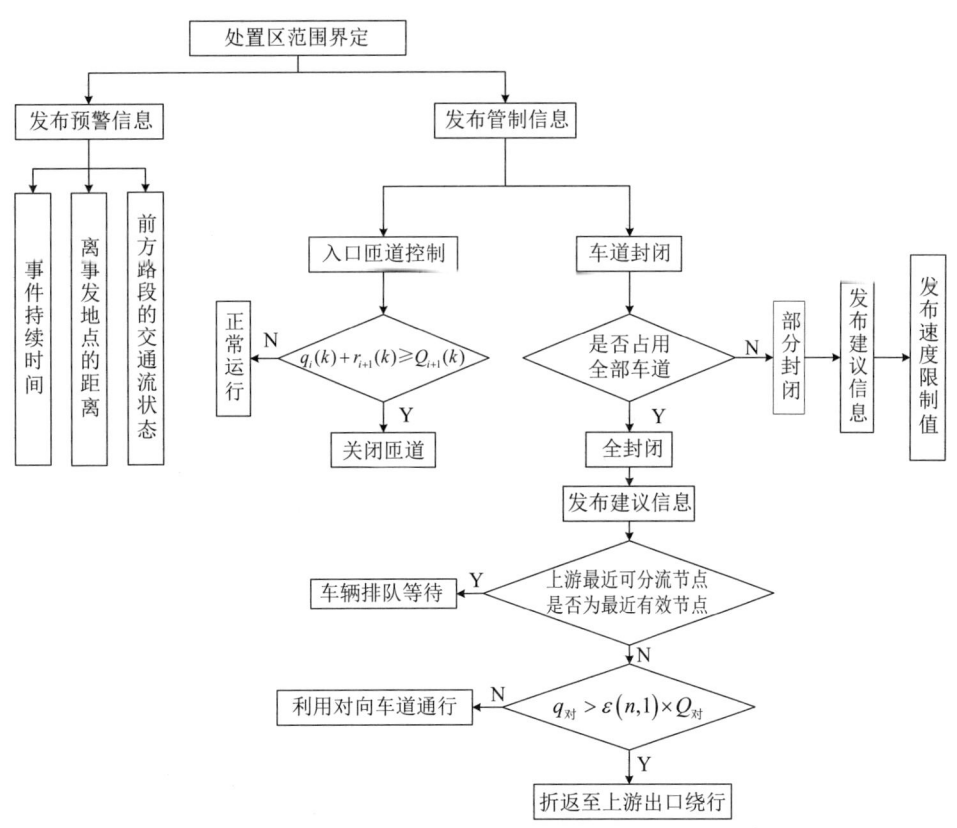

图 6-3　处置区的 VMS 信息发布思路

（1）入口匝道控制

由于处置区内的入口匝道距离事发地点最近，其对事发路段的影响也最大，并且在此区域内不存在可分流节点，因此应考虑采取严格的匝道管控方式——匝道关闭。此处，实施入口匝道关闭的主要目的是，为了保障上游主线的交通需求，缓解下游主线的交通压力。因此，处于此区域内的入口匝道的管控方式则主要取决于匝道上游主线的交通需求及匝道下游主线的通行能力。

采取此管控方式的判定方法如下：如图 6-4 所示，在 $(k, k+1)$ 时段内，当此区域内事发路段所在元胞 i 上游的多个入口匝道的累计交通需求量 $r_j(k)$（$j=i-n,\cdots,i$）与上游元胞 $i-1$ 进入元胞 i 的流量 $q_i(k)$ 之和超过元胞 i 此时的通行能力 $Q'_i(k)$ $\left[q_i(k) + \sum_{j=i-n}^{i} r_j(k) \geqslant Q'_i(k) \right]$ 时，则将距离事发路段所在元胞 i 最近的入口匝道依次关闭，直至剩余入口匝道的累计交通需求量 $\sum r_j(k) < Q'_i(k) - q_i(k)$ 为止。

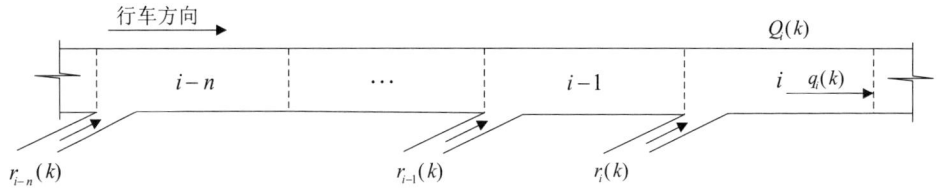

图 6-4　入口匝道交通管控示意图

（2）车道封闭

当交通事件导致处置区内的车道被占用时，为了保护事发现场并避免二次事件的发生，通常会采取车道封闭的方式形成一定的警戒区域。具体实施方式是选择部分车道封闭还是车道全封闭，则主要由交通事件的严重程度来决定。若交通事件只占用了部分车道，其他车道还能正常通行，则只对部分车道实施封闭；若该事发路段全部车道均被占用，则采取车道全封闭的方式。

3. 建议信息

针对两种不同的车道封闭方式，VMS 应分别发布不同的建议信息，使得道路资源尽可能达到利用的最大化，并为出行者提供最大的便利。

（1）部分车道被封闭

在部分车道被封闭的情况下，通常可利用上游主线 VMS 发布最高限速值的建议信息，对车辆速度进行控制。这是快速路主线控制的一项关键技术，此技术主要是通过对车辆运行速度的控制，以达到减缓车辆进入拥堵区的目的。采取该技术的关键在于最高限速值的确定，而确定限速值通常需要考虑到交通事件的严重程度、VMS 的布设位置、交通事件发生位置、道路通行能力、道路交通流状况等因素。

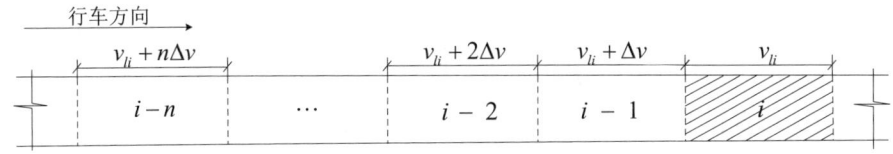

图 6-5　处置区示意图

限速值的确定方法：若元胞 i 处发生了一起交通事件，在此处则形成了一动态瓶颈，此时疏导的主要目的则是使尽可能多的车辆尽快通过此处瓶颈，以缓解车辆阻塞。因此，元胞 i 处的限速值则主要由此路段的最大交通量（或通行能力）来决定，即此处的限速值就是该路段达到最大交通量时所对应的速度值。由于此处交通密度较大，与 Grenberg 对数模型中提出的速度 – 密度关系式较为吻合，可得限速值：

$$v_{li} = v_i(k) \Big/ \ln \frac{\rho_{iJ}}{\rho_i(k)} \tag{6.1}$$

式中，v_{li} 为元胞 i 处的限速值，为了方便道路设施的统一规划与设计，此值通常为 10 的倍数；$v_i(k)$ 为 k 时刻元胞 i 处的平均车速；$\rho_i(k)$ 为 k 时刻元胞 i 的车流密度；ρ_{iJ} 为元胞 i 的阻塞密度。

由于交通事件的发生，元胞 i 处产生的拥堵将随着时间的推移逐步向上游蔓延，从而引发上游元胞发生车速陡降等现象，继而导致各元胞速度分布不均，二次事故率大大提升。因此，为避免以上情况的发生，在各元胞上均设置有可变限速标志的前提下，应对各元胞分别设置合理的限速值，并人为地在各相邻元胞的限速值之间设定一个较小的速度差 Δv，使上游元胞的车速平滑、均匀地变化。另外，由于越是邻近事发路段所在元胞，受交通事件的影响就越大，限速值也就越小，因此若事发路段所在元胞 i 的限速值为 v_{li}，则上游元胞 $i-n$ 的限速值可以设置为：

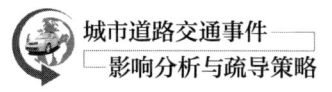

$$v_{l(i-n)} = v_{li} + n\Delta v \quad (6.2)$$

如图 6-5 所示，即元胞 $i-1, i-2, i-3, \cdots, i-n$ 的限速值 $v_{l(i-1)}, v_{l(i-2)}, v_{l(i-3)}, \cdots, v_{l(i-n)}$ 应依次设置为 $v_{li} + \Delta v, v_{li} + 2\Delta v, v_{li} + 3\Delta v, \cdots, v_{li} + n\Delta v$。

除此之外，为达到上游元胞拥堵疏导的目的，上游元胞的交通量不应超过下游元胞的交通量。依据 ECTM-F 模型预测所得的路段交通信息，可得交通量的传播应满足以下约束条件：

$$\rho_{i-n}(k)v_{i-n}(k) \leqslant \rho_{i-n+1}(k)v_{i-n+1}(k) \quad (6.3)$$

由上式可得，上游路段 $i-n$ 的速度则应满足以下约束条件：

$$v_{i-n}(k) \leqslant \rho_{i-n+1}(k)v_{i-n+1}(k)/\rho_{i-n}(k) \quad (6.4)$$

结合式 6.2 及式 6.4，上游路段 $i-n$ 的限速值可描述如下：

$$v_{l(i-n)} = \min\left[v_{li} + n\Delta v, \rho_{i-n+1}(k)v_{l(i-n+1)}(k)/\rho_{i-n}(k), v_{l(i-n)}^*\right] \quad (6.5)$$

其中，$v_{l(i-n)}^*$ 为上游路段 $i-n$ 原本设置的限速值。

在确定限速值后，即可通过 VMS 发布限速指令以及限速的简要原因说明。

（2）车道全封闭

由于交通事件的影响，可能会导致事发路段的车道被全部封闭，若此时预测得出，在救援到达之前，距离事发地点最近的可分流节点仍未转为拥挤排队状态（此节点为上游最近有效节点），表明交通事件影响范围较小，则在此区域内无须采取其他转移交通的管制手段，只需建议出行者耐心排队等待前方事发路段恢复通行。若预测得出距离事发地最近的可分流节点并非最近有效节点时，表明交通事件影响范围较大，此时通常建议采取两种通行方式：利用对向车道通行或折返至上游出口绕行，并发布相应的行车提示信息。

其中，能否利用对向车道绕过拥堵路段通行，除了要考虑中央隔离的方式外，还主要取决于对向车道的交通流量及其通行能力。如果对向车道的通行能力在满足其自身的交通流量的前提下，仍有足够的剩余量可以容纳由外界转移过来的交通量时，则利用对向车道即是可行的；否则，若强行实施，则会导致拥堵向对向车道转移或加剧拥堵的蔓延速度。因此，能否利用对向车道通行可由下式进行判断：

$$\varepsilon(n, j+1) \times Q_{\text{对}} < q_{\text{对}} < \varepsilon(n, j) \times Q_{\text{对}} \quad (6.6)$$

式中，$Q_{对}$ 为对向车道的通行能力，$\varepsilon(n,j)$ 为对向 n 条车道被借用 j 条后通行能力 $Q_{对}$ 的折减系数，$q_{对}$ 为对向车道实时的交通流量。上式表明，当实时的对向车道交通流量 $q_{对}$ 小于被借用 j 条车道后折减的通行能力，同时超出被借用 $j+1$ 条车道后折减的通行能力时，则可以选择借用 j 条对向车道。可是当 $q_{对} > \varepsilon(n,1) \times Q_{对}$ 时，即当被借用一条车道后，对向车道折减后的通行能力已经无法满足实时的交通流量时，利用对向车道绕道通行的措施应不予实施。

此时，为了尽快疏导拥堵车辆，通常应采取折返至上游出口绕行的通行方式。通过结合可变信息标志及交通锥等道路交通警戒设施，引导出行者返回至上游出口，使出行者离开快速路选择与之并行的其他城市道路，或是暂时离开快速路，避开封闭路段后根据交通引导重新迁回到快速路上来。

二、控制区的疏导方案

依据控制区的交通拥堵疏导策略，此区域内的路段应以交通诱导为主，主线控制及匝道控制为辅。因此，相对应地，此区域内的 VMS 信息发布也应以路径诱导信息为主，以预警信息、管制信息及建议信息为辅，如图 6-6 所示。

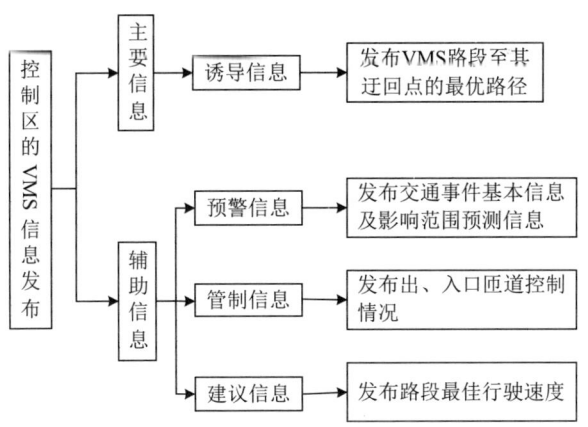

图 6-6 控制区内 VMS 信息发布的主要内容

1. 诱导信息

由于控制区距离事发位置较远，受交通事件影响的程度也较小，因此无须对该区域采取力度较大的强制性措施，而是通过一些诱导性手段间接地影响出行者的选择,从而达到缓解道路拥堵的目的。

此处路径诱导的主要对象为在交通事件发生后,处于控制区内且仍需前往事发路段下游的出行者。诱导的主要目的是为出行者提供最优的绕行路线,起点为由控制区内的路段转至其他城市道路的各个可分流节点,终点为避开事发路段后借由其他城市道路重新返回快速路主线处的节点(迂回点)。通常迂回点应选择设置在事发路段下游的第一个节点处,因为事发路段的瓶颈作用通常会使得其下游路段的交通流达到自由流的状态。若起点没有适当的路径与此迂回点相连,可以选择将迂回点设置在下一个节点处。

在确定了诱导的起点与终点后,此时最关键的步骤即为筛选出两点之间的最短路径。在数据准备并不充分的情况下,可采取常用的最短路径算法计算最优迂回路径,如 Dijkstra 算法、Floyd-Warshall 算法、A^* 搜索算法等。而这些算法通常更适用于静态假设下的交通网络,即道路交通网络拓扑结构是固定的且各节点之间的阻抗值均为定值的情况。虽然为解决此问题,S. E. Dreyfus 等学者通过一系列的研究,对这些算法的适用范围进行了一定程度的扩展,但是仍旧无法避免其局限性,因为这些算法所基于的假设与实时发生变化的实际交通网络状态仍有较大差距,缺乏实效性。因此,在数据完善的情况下,本书将采用前文有关章节中提出的基于正交设计及蚁群算法的动态疏导模型计算最优迂回路径,并经由 VMS 将对应节点的路径诱导信息提供给出行者。

依据前文提出的动态疏导模型,此处的问题可以简单描述为:将从控制区内快速路进入普通城市道路的各个转换节点作为起点,并将位于事发路段下游的迂回点作为终点,在已知时变 OD 需求及路网情况的前提下,找出总行程时间最短的最优迂回方案。具体计算方式如前文有关章节所示,此处不再赘述。

2. 预警信息

控制区内发布的预警信息与处置区相似,主要需向出行者提供事发路段离 VMS 所在路段的实际距离,以及从交通事件发生到 VMS 作出信息反馈所持续的时间。除此以外,通过车流密度对此时前方路段的拥堵程度作出判断,并对此时前方事发路段恢复正常交通状态所需的时间及事件影响长度进行预测,令上游出行者对前方路况及时作出适当的反应。

3. 管制信息

不同于处置区内针对匝道控制所采取的近乎苛刻的手段,在控制区内的管制方案则是对该区域内的多个出入口匝道进行协调控制，以达到尽可能缓解下游处置区交通压力的目的。另外，为了避免对其他相关城市道路的正常运行秩序造成影响，则必须有相应的道路交通管制方案相配合。

此时，匝道协调控制的具体实施方式是，将欲由此区域去往处置区的车流借助于入口匝道的关闭进行截流；同时，在出口匝道容量允许的前提下，充分利用其作为可分流节点，对已进入此区域内的车辆进行分流。

如图 6-7 所示，假定元胞 i 处于控制区的末端，也是离处置区最近的路段；在 $(k, k+1)$ 时段内，由上游元胞 $i-1$ 进入元胞 i 的交通流量为 $q_i(k)$，由入口匝道进入元胞 i 的交通流量为 $r_i(k)$，离开元胞 i 进入出口匝道的交通流量为 $f_i(k)$。元胞 $i-m$ 为处于控制区的起始元胞，是该区域内距离预警区最近的路段；在 $(k, k+1)$ 时段内，由入口匝道进入元胞 $i-m$ 的交通流量为 $r_{i-m}(k)$，离开元胞 $i-m$ 进入出口匝道的交通流量为 $f_{i-m}(k)$。协调控制的判定条件如下式所示：

$$\sum_{j=i-m}^{i}\{r_j(k)+[f_{cj}(k)-f_j(k)]\} \geqslant Q_i(k)-q_i(k) \quad (6.7)$$

式中，$f_{cj}(k)$ 为路段处出口匝道的通行能力。上式表明，当控制区内各个入口匝道的流入量与出口匝道的剩余通行能力超过末端元胞 i 的剩余通行能力时，则应对该区域内的出入口匝道实施协调控制。具体操作方式则是从距离处置区最近的末端元胞 i 开始控制，并对上游元胞 $i-1, i-2, \cdots, i-n+1$ 依次进行判定实施，直至在对下游 n 个元胞进行协调控制后，能够满足下述条件为止。

$$\sum_{j=i-n}^{i-n}\{r_j(k)+[f_{cj}(k)-f_j(k)]\} < Q_i(k)-q_i(k) \quad (n=0,1,\cdots,m) \quad (6.8)$$

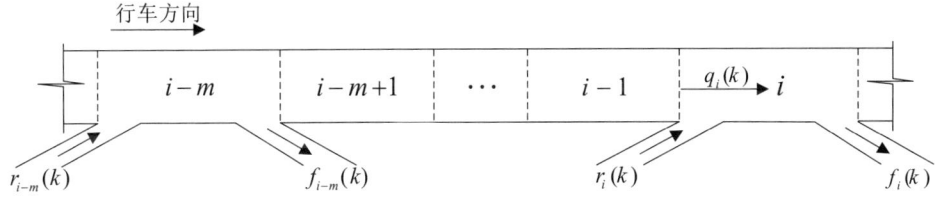

图 6-7 控制区内匝道控制示意图

结合 ECTM-F 模型的预测数据，由此式可以判断得出此区域内应该关闭的入口匝道的数量，以及引导车辆离开快速路主线的出口匝道数量。依据确定的管制措施，通过 VMS 发布给相应路段的出行者。

4. 建议信息

在控制区中发布建议信息的主要内容是建议速度值。发布建议速度值的主要目的是，为了在一定程度上控制该区域内车辆的行驶速度，从而减缓车辆进入处置区的速度，并在一定程度上减轻下游区域的交通压力。因此，在一定概率下，由控制区内元胞 i 前往处置区的出行者的期望行驶时间 t_{kj}^i，应大于交通事件从开始处置至恢复正常秩序所需的时间，如下式所示：

$$P(t_{kj}^i > T_2 - T_1) \geqslant \ell \qquad (6.9)$$

式中，ℓ 为设定的概率阈值，其取值范围为（0.85，1）。且若元胞 i 距离处置区越远，此概率值则越大。

由控制区元胞 i 前往处置区的出行者在行驶过程中所期望达到的速度可以描述如下：

$$v_{kj}^i = \frac{l_{kj}^i}{t_{kj}^i} \qquad (6.10)$$

式中，v_{kj}^i 为控制区内元胞 i 的期望运行速度，l_{kj}^i 为控制区内元胞 i 距离处置区的长度。

因此，此区域内的建议速度除了需考虑处置区内确定限速值的几个主要参数外，还需要考虑期望运行速度的限制。控制区内元胞 $i-n$ 的限速值可以通过下述表达式来确定：

$$v_{l(i-n)} = \min\left[v_{li} + n\Delta v, \rho_{i-n+1}(k) v_{l(i-n+1)}(k) \big/ \rho_{i-n}(k), v_{l(i-n)}^*, v_{kj}^{i-n}\right] \qquad (6.11)$$

式中，v_{kj}^{i-n} 为控制区内元胞 $i-n$ 的期望运行速度，其余三个参数的确定方法则与处置区类似，此处不再赘述。

三、预警区的疏导方案

根据预警区的疏导方案设计，此区域内的疏导工作除了延缓此区域内的车辆进入控制区外，其工作重点已从疏散交通流转变为稳定交通流，即令该区域内已处于拥堵状态的交通流在事件清除之后平稳过渡为自由流状态。而为了达到上述目的，最直接有效的手段即是控制此区域内车辆的行车速度及行车间距，并在事件影响达到一定程度时配合实施适当的路径诱导作为辅助手段。这样既能有效地为下游区域提供充足的恢复时间，又能极大地避免引起交通流拥堵的二次事件的发生。因此，此区域内的 VMS 信息发布则以车速及车距控制的建议信息及预警信息为主，以路径诱导信息为辅。

1. 建议信息

（1）速度控制信息

由于处于预警区内的路段距离事发路段较远，受交通事件的影响较小，可以利用的分流节点较多，对信息的诱导强度要求相对于处置区与控制区而言也较低。因此，出于降低管控难度及避免管控过当的考虑，在此区域内无须采取强制性的速度控制策略，而应采取较为缓和的策略，即在指定区域内发布建议限速值。此区域内元胞 $i-n$ 的限速值可以通过下述表达式来确定：

$$v_{l(i-n)} = \min\left[v_{li} + n\Delta v, \rho_{i-n+1}(k)v_{l(i-n+1)}(k)\big/\rho_{i-n}(k), v^{*}_{l(i-n)}, v^{i-n}_{yj}\right] \quad （6.12）$$

其中，v^{i-n}_{yj} 为预警区内元胞 $i-n$ 的期望运行速度。由于该区域建议速度的确定方法与控制区内限速值的确定方法类似，此处便不再赘述。

（2）车距控制信息

为维持预警区内交通流正常运行的稳定状态，有效地设置车辆行驶间距是极为必要的。车辆行驶间距通常可以分为纵向行车间距与横向行车间距两种类型，而在信息发布方面，通常纵向车距较之横向车距而言更受关注。

① 纵向行车间距

纵向行车间距是指同向行驶前后相随的两辆车辆之间所应保持的安全距离。无论纵向车距过大或过小都会对交通运行造成一定的影响。若纵向车距过大，则会降低道路的通行能力，从而影响运行效率；若纵向车距过小，则极易导致追尾事故的发生，从而影响交通安全。因此，保持适当的纵向车距是极为重要的。而纵向车距的大小主要取决于行车速度、路面状况、驾驶人技能等因素，具体数值可依据下式进行估算：

$$D_z = \frac{v}{3.6}t + \frac{v^2}{2\times 9.8 \times (3.6)^2 \mu f} \quad （6.13）$$

式中，D_z 为纵向车距，单位：m；v 为行车速度，单位：km/h；t 为驾驶人制动时所需的反应时间，单位：s，通常取值为 2.5s；μ 为制动效率，通常取值为 1；f 为车辆与路面之间的纵向摩擦系数。f 值主要取决于路面状况，若是正常干燥的沥青或水泥路面，f 为 0.6；若是雨天路面，f 则为 0.4；雪天则为 0.28，结冰路面则仅有 0.18。

②横向行车间距

横向行车间距是指同向或异向行驶的汽车两侧所应保持的安全距离。而由于快速路并不存在异向行驶的相邻车辆，因此此处只考虑同向行驶的情况。若同向行驶的相邻车辆之间不能保持适当的横向间距，则极易导致车辆剐擦事件的发生。

横向车距的大小主要取决于相邻两车的行车速度，具体估算方式如下式所示：

$$D_h = 0.45 + \frac{0.02 \times (v_1 + v_2)}{3.6} \quad (6.14)$$

式中，D_h 为横向车距，单位：m；v_1、v_2 分别为相邻两车的行车速度，单位：km/h。由上式可知，横向车距与行车速度呈正比，若行车速度越大，所需保持的安全车距则应更大。若在正常运行的交通状况下，快速路上的行车速度通常可达到 60km/h~80km/h，因此同向行驶车辆之间的横向行车间距则应为 1.1m~1.6m；在道路发生交通拥堵的情况下，行车速度通常将降至 20km/h 以下，此时横向行车间距则应为 0.5m~0.65m。

2. 预警信息

此处发布的预警信息与前两个区域类似，主要需向出行者提供事发路段离 VMS 所在路段的实际距离及交通事件的剩余持续时间，对上游出行者提出警示。

3. 诱导信息

若在事件持续时间内，依据 ECTM-F 模型预测得出预警区内元胞的交通流状态为轻度拥堵以下时（$\rho_i < 0.5\rho_{iJ}$），则仅需发布建议信息，令出行者考虑遵照有利于出行效率及交通安全的出行建议；相反，若预警区内元胞的交通流状态已达到中度拥堵或是以上等级时（$\rho_i \geq 0.5\rho_{iJ}$），此时除了发布建议信息外，还需要针对相应路段发布一些路径诱导信息作为辅助手段。而发布路径诱导信息的主要方式则是通过设置于上游重要节点处的 VMS 发布前方的拥堵路段，令前往拥堵路段方向的出行者提前作出适当的选择。

第四节 实例分析

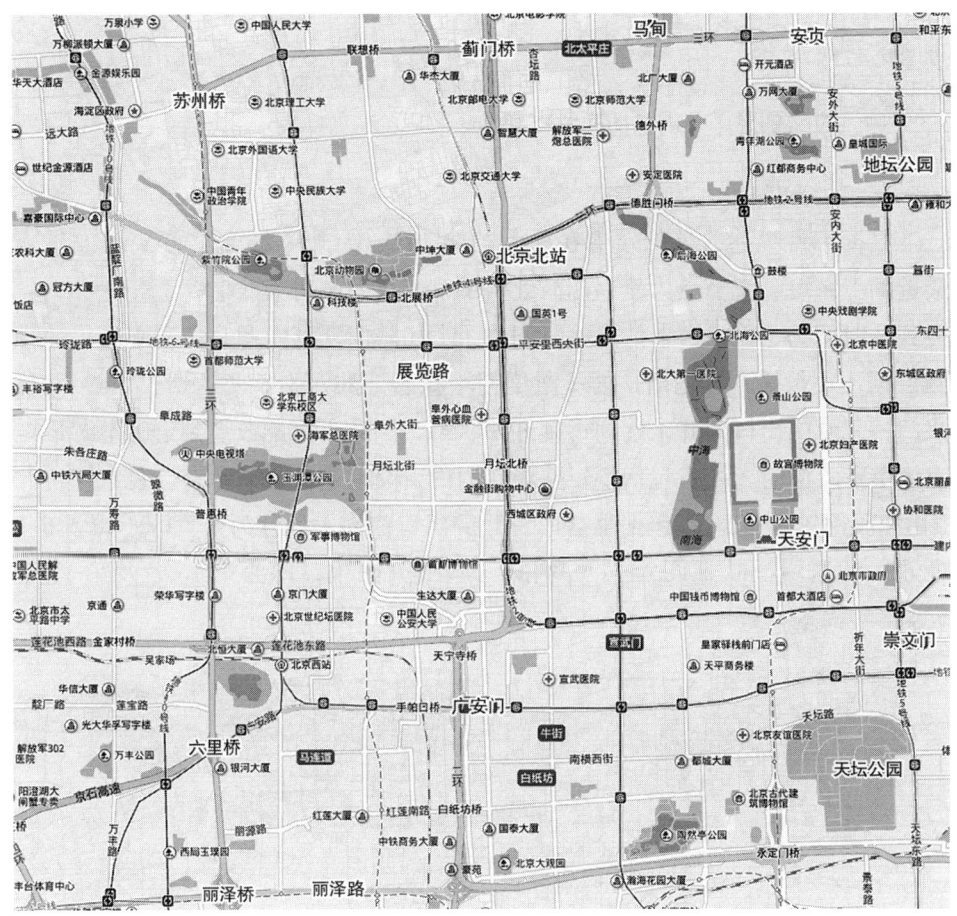

图 6-8 研究区域示意图

为了验证本章提出的快速路交通事件疏导策略,本书选取北京市内的一处研究区域,如图 6-8 所示。其具体范围描述如下:东起德外大街—德内大街—西什库大街—府右街—北新华街—南新华街—虎坊路—太平街;西至西三环路;

北起远大路—长春桥路—北三环路;南至南二环路—丽泽路—丰台北路。为便于分析,本节以第四章第二节中所选用的交通事件为例,并依据预测及实测所得事发后的主要参数,划分出处置区、控制区及预警区三个处置区域。假设在快速路匝道出入口及常发性拥堵路段上游等主要交通控制位置均布设有VMS,在此基础上,采用基于VMS的疏导方案分别对此三个处置区域进行疏导,并将疏导后的主要评价指标与未疏导的评价指标进行对比分析,从而验证该疏导方案的有效性。

一、处置区的VMS疏导方案

1. 区域划分

根据事件描述,事件发生在检测器2048上游约300m处,距离事发地点最近的上游可分流节点为复兴门桥北侧的出口处,事件发生时间为10:25,救援到达时间为10:38,事件清除时间为11:10。依据第四章第二节中所得的预测数据,在救援到达之前,处于重度拥堵状态下的元胞长度达到370m,而复兴门桥北侧的出口处并未达到重度拥堵状态,因此可将此节点判定为上游最近有效节点。同时,可将包括事发路段在内的,交通事件发生地点与复兴门桥北侧出口之间的路段(不包括复兴门桥北侧出口在内)划分为处置区,如图6-9所示。此区域反映在图4-12所示的元胞划分图中,即为第16个及第17个元胞。

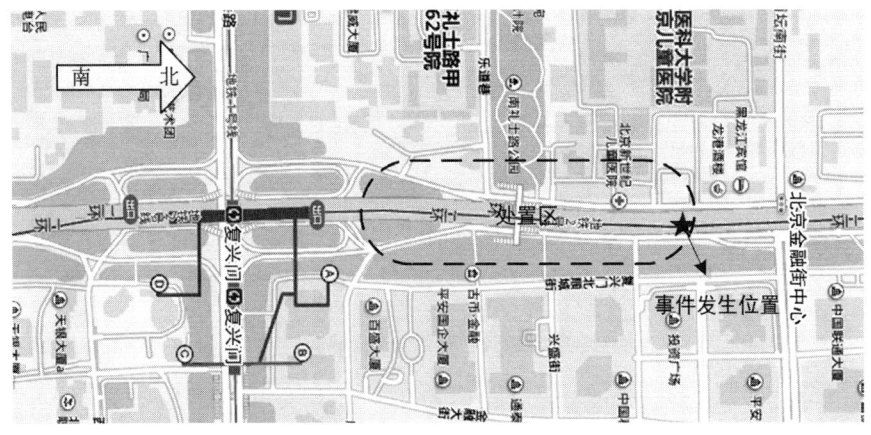

图6-9 处置区示意图

2. 疏导方案

依据前文提出的处置区的 VMS 疏导方案设计方法，并结合事件对处置区内交通流运行的影响，可分别设计并发布预警信息、管制信息及建议信息。

（1）预警信息

在正常运行状态下，事发路段所在元胞的临界密度 ρ_f 为 89veh/km，阻塞密度 ρ_J 为 276veh/km；而由于交通事件的影响，临界密度 ρ_f' 折减为 44veh/km，阻塞密度 ρ_J' 则折减为 138veh/km。经计算可得，事件清除前后交通运行状态对应的密度区间，如表 6-1 所示。结合表中参数及事发路段的实测密度即可判定得出，事件发生后实时的交通运行状态。

表 6-1 交通运行状态判定表

事件清除之前		事件清除之后	
密度区间（veh/km）	交通运行状态	密度区间（veh/km）	交通运行状态
$\rho<44$	正常	$\rho<89$	正常
$44\leqslant\rho<69$	轻度拥堵	$89\leqslant\rho<138$	轻度拥堵
$69\leqslant\rho<97$	中度拥堵	$138\leqslant\rho<193$	中度拥堵
$97\leqslant\rho<138$	重度拥堵	$193\leqslant\rho<276$	重度拥堵
$\rho\geqslant138$	阻塞排队	$\rho\geqslant276$	阻塞排队

在处置区内检测器 2048 与 2047 之间的位置布设有一处 VMS，在交通事件发生之后，经检测可得事发地点距离此 VMS 的位置约为 270m。依据预测数据可得，此 VMS 所在路段将在 11:50 恢复正常运行状态。因此，结合信息发布时间，可实时预测此路段恢复正常运行状态所需的时间。

以 11:00 此 VMS 发布的预警信息为例，可将信息内容发布如下：前方 270 m 处发生交通事故，造成前方路段重度拥堵，预计将在 50min 后恢复正常通行。请耐心等待，服从交通管制，依次通行。

（2）管制信息

①入口匝道控制

在此处置区内只有一个入口匝道，该匝道与快速路主线的连接处位于检测器 2047 处，在第 16 个元胞与第 17 个元胞之间。根据各个时段检测器 2047 上游主线的预测流量值及入口匝道处人工采集的交通需求量，可以判定得出：在

10:25~11:10事件被清除之前的这段时间内,处置区内事发路段上游入口匝道的交通需求量$r_{17}(k)$与事发路段上游进入事发路段i的流量$q_{17}(k)$之和,已超过事发路段的通行能力$Q_{17}'(k)$(3087veh/h),即$q_{17}(k)+r_{17}(k)\geqslant Q_{17}'(k)$。因此,在这段时间内,应在此入口匝道上游其他城市道路的转换节点处发布此匝道暂时关闭的信息,以降低事发路段的交通压力。

②车道封闭

由于该事件为一起车辆追尾事故,并造成了一条内侧车道被占用,因此为了保护事发现场并避免二次事件的发生,在救援人员到达时,应暂时对所占用车道采取车道封闭的方式,并在此路段上游主线的 VMS 处发布此车道暂时封闭的信息,直至事件被清除为止。

③建议信息

在仅有一条车道被封闭的情况下,上游主线 VMS 处发布的建议信息内容主要为速度控制信息。依据限速值的确定方法,可得事发路段(第17个元胞)的限速值v_{l17}约为30km/h。由于上游路段的限速值$v_{l16}=\min\left[v_{l17}+\Delta v,\rho_{17}(k)v_{l17}(k)/\rho_{16}(k),v_{l16}^{*}\right]$,设备相邻路段的限速值之间的速度差$\Delta v$为10km/h,上游路段(第16个元胞)原本设置的限速值v_{l16}^{*}为80km/h,并结合预测所得的速度、密度值,可得在事件清除之前上游路段的限速值为30km/h,在事件清除之后及路段恢复正常之前的限速值为40km/h。

二、控制区的 VMS 疏导方案

1. 区域划分

如图4-12所示,编号为11、12、13、14、15的元胞均处于处置区的上游,且经 ECTM-F 模型预测可得,在预计事件持续时间内,这些元胞的所在路段均会达到重度拥堵状态($\rho_i \geqslant 0.9\rho_{i,J}$)。因此,根据控制区的划分标准,可将这部分区域划分为控制区。此区域的具体范围是天宁寺桥东侧至复兴门桥北侧之间的路段(包括复兴门桥北侧出口在内),如图6-10所示。

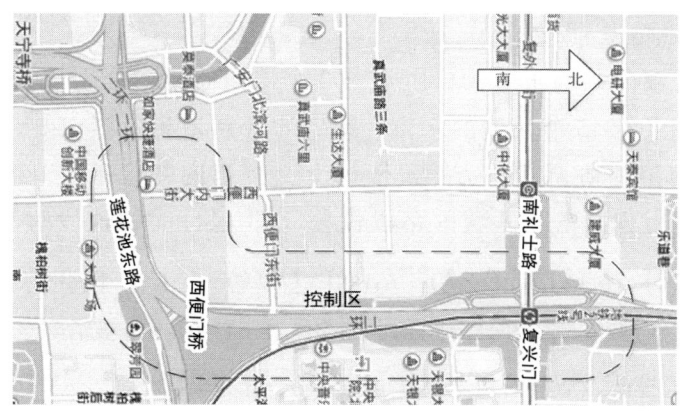

图 6-10 控制区示意图

2. 疏导方案

依据上文提出的控制区的 VMS 疏导方案设计方法,并结合事件对控制区内交通流运行的影响,可分别设计并发布诱导信息、预警信息、管制信息及建议信息。

(1) 诱导信息

由于与此控制区相衔接的普通城市道路的数据并不完善,因此此处选用 Dijkstra 算法计算最优迂回路径,并经由 VMS 将对应节点的路径诱导信息提供给出行者。

此处的问题可以简单描述为:分别将位于复兴门桥南侧的二环路—复兴门南大街节点及位于复兴门桥北侧的二环路—复兴门北大街节点作为起点,并将位于事发路段下游的阜成门南大街—二环路作为终点,以路段实际长度为路网中每条边的权重,在已知路网情况的前提下,找出最短距离的迂回方案。依据以上问题描述,通过计算可得最优迂回路径分别为复兴门南大街—复兴门北大街—阜成门南大街与复兴门北大街—阜成门南大街。

(2) 预警信息

控制区内发布的预警信息与处置区类似,以 11:00 时复兴门桥南的 VMS 为例,可发布预警信息内容如下:前方 977 m 处发生交通事件,造成前方路段重度拥堵,已持续 35min,预计将在 50min 后恢复正常通行。请耐心等待,服从交通管制,依次通行。

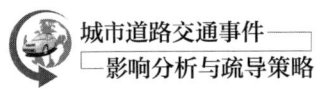

（3）管制信息

在此区域内共有1个入口匝道和2个出口匝道，分别位于第13个元胞的首末端及第15个元胞的末端。此处的管制信息内容主要是针对这三个匝道所制定的协调控制方案。依据上文提出的判定条件，结合预测数据，可判定得出：在此区域内路段恢复正常运行前的这段时间内，均有 $r_{13}(k)+[f_{c13}(k)-f_{13}(k)]+[f_{c15}(k)-f_{15}(k)] \geqslant Q_{15}(k)-q_{15}(k)$，因此需要对此区域内的匝道进行协调控制。经计算可得，在10:25~11:10事件被清除之前的这段时间内，通过管控此区域内的两个出口匝道之后，即有 $r_{13}(k)<Q_{15}(k)-q_{15}(k)$；而在11:10~11:50事件被清除之后的这段时间内，通过管控第15个元胞内的出口匝道之后，即有 $r_{13}(k)+[f_{c13}(k)-f_{13}(k)]<Q_{15}(k)-q_{15}(k)$。

因此，在事件被清除之前这段时间内，应在两个出口匝道的上游路段发布管制信息如下：前方车辆拥堵，请前往阜成门方向的车辆，通过前方出口匝道离开当前道路。而在事件被清除之后、路段恢复正常之前，只需在处于复兴门北的出口匝道的上游路段发布上述管制信息。

（4）建议信息

此处发布的建议信息主要是各个元胞内的建议速度值。依据限速值的确定方法，在事件清除之前将元胞11、12、13、14、15的限速值分别设定为50、40、40、40、30km/h，在事件清除之后及路段恢复正常之前将各元胞的限速值分别设定为50、50、40、40、40km/h。

三、预警区的VMS疏导方案

1. 区域划分

如图4-12所示，编号为3~10的元胞均处于控制区的上游，且经ECTM-F模型预测可得，在事件持续时间内，这些元胞的所在路段均会出现拥堵状态（$\rho_i \geqslant \rho_{if}$）。因此，根据预警区的划分标准，可将这部分区域划分为预警区。此区域的具体范围是白纸坊桥南侧至天宁寺桥东侧之间的路段，如图6-11所示。

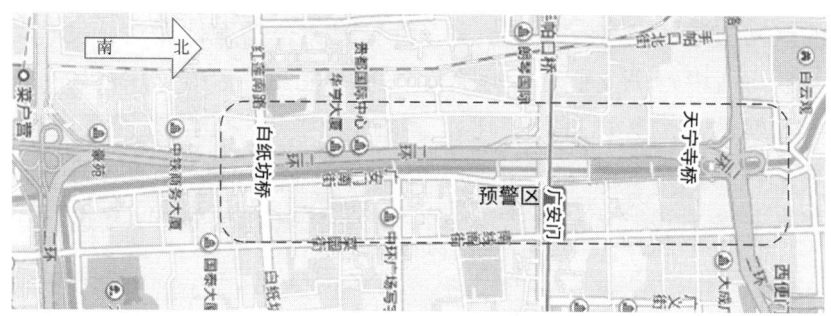

图 6-11 预警区示意图

2. 疏导方案

（1）建议信息

①速度控制信息

依据此区域内限速值的确定方法，编号为 3~10 的元胞限速值，在事件清除之前分别为 80、70、70、60、60、50、50、50km/h；在事件清除之后、路段恢复正常之前，各元胞的限速值分别为 80、80、70、70、70、60、60、50km/h。

②车距控制信息

由于处于预警区内的路段距离事发路段较远，可以利用的分流节点较多，对信息的诱导强度要求相对于处置区与控制区而言也较低。因此，出于降低管控难度及避免管控过当的考虑，此区域内的车距控制选择采取局部控制策略，即在指定区域内发布统一的车距控制信息。依据 ECTM-F 模型预测可得，此区域在事件持续时间内的平均行车速度为 46.7km/h，从而确定应保持纵向车距约为 50m、横向车距约为 1m。

③诱导信息

在事件持续时间内，预测得出预警区内的编号为 7~10 的元胞交通流状态已达到中度拥堵及其以上水平（$\rho_i > 0.5\rho_{iJ}$）。因此，此时仍需针对这些路段发布一些路径诱导信息作为辅助手段。应通过处于白纸坊桥及广安门桥处的 VMS 发布前方的拥堵路段，令前往拥堵路段方向的出行者提前作出适当选择。

四、主要评价指标的对比分析

依据上述针对不同区域所提出的疏导设计方案（疏导方案Ⅰ），对研究区域的路网交通状况进行模拟仿真，计算得出包括事件影响长度、总行程时间、平均拥堵延误及平均行程速度在内的主要指标值，并将其与未采用此疏导方案的实测数据进行了比较。同时为了进一步验证模型的有效性，本书还选择采用了Sheu等提出的基于匝道协调控制的交通疏导方法，并进行了疏导方案设计（疏导方案Ⅱ），进而将其与疏导方案Ⅰ进行了对比分析。

图6-12为实施两种疏导方案后仿真所得的事件影响范围与实测数据的对比图。此处以事件发生时间为起始点，描绘了之后100min事件影响长度的变化情况。由图中可以看出，实测的事件影响长度在第50min时达到最大值2576m，之后呈下降趋势，在第80min时恢复至事发前水平；在采用疏导方案Ⅰ后，事件影响长度在第33min时达到最大值1865m，并随后在第60min时恢复至事发前水平；在采用疏导方案Ⅱ后，事件影响长度在第35min时达到最大值1922m，并随后在第65min时恢复至事发前水平。显然，采用疏导方案后，事件持续时间要明显低于实测数据的水平，最大事件影响长度显著下降，且影响长度维持在较高水平的时间较短，下降速度也较快。

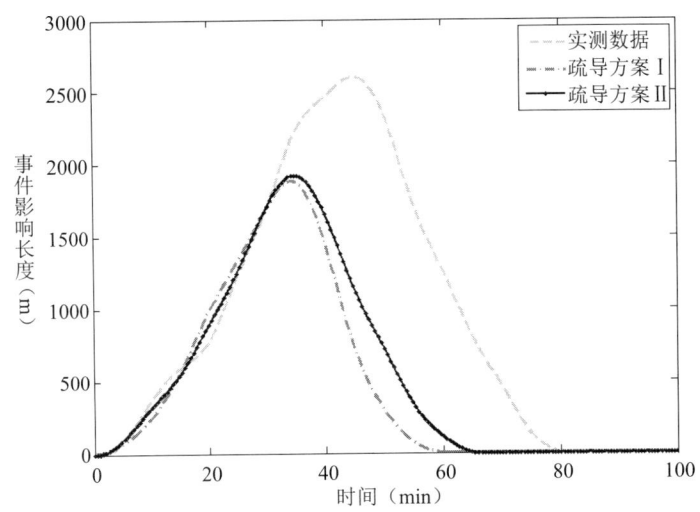

图6-12　疏导后与实测事件影响长度对比图

除此之外，包括总行程时间、平均拥堵延误及平均行程速度在内的其他交通事件影响评价指标的对比情况如表 6-2 中所示。其中，在疏导方案 I 实施后，最大事件影响长度、总行程时间与平均拥堵延误下降幅度均要高于疏导方案 II，而平均行程速度的上升幅度也要高于疏导方案 II。

由以上分析可知，采取本书提出的基于 VMS 的快速路疏导策略，能够更为有效地控制交通事件的影响范围，从而减少交通事件引发的拥堵延误，提高受影响路段的运行效率。

表 6-2 疏导后与实测交通事件影响评价指标对比表

评价指标	实际数据	疏导方案 I		疏导方案 II	
		仿真数据	结果对比（%）	仿真数据	结果对比（%）
最大事件影响长度（m）	2576	1865	−27.6	1922	−25.39
总行程时间（veh.h）	349	282.18	−19.41	287.26	−17.96
平均拥堵延误（s）	129	105	−18.60	109	−15.50
平均行程速度（km/h）	26.8	31.34	16.77	31.12	15.95

本章小结

本章结合快速路交通事件的基本特性，提出了快速路交通事件疏导策略的总体目标。基于此目标，结合第四章所构建的快速路交通事件影响范围预测模型（ECTM-F），详细介绍了事件处置区域的划分方法，分析了针对不同区域所需采取的具体疏导策略，并通过所选定的路网及实测数据，对疏导策略的有效性进行了验证。本章的研究工作具体包括以下几部分：

（1）通过归纳总结，得出快速路交通事件区别于普通城市道路的主要特征，并在此基础上设定了实施快速路交通事件疏导策略的总体目标。

（2）基于 ECTM-F 模型的预测，根据不同的路网条件及车流密度值等指标，将交通事件影响范围划分为三个处置区域：处置区、控制区及预警区，并依据各个区域的主要特征，细化总体控制目标，并针对各个子目标分别提出了相应的疏导策略，以达到快速、有效控制交通事件拥堵扩散的目的。

（3）介绍了包括提示信息、预警信息、建议信息、诱导信息及管制信息在内的不同重要程度的 VMS 信息类型，并结合不同处置区域的具体特征、交通事件信息及由 ECTM-F 模型所得的预测数据，提出了针对不同处置区域的基于 VMS 的快速路交通事件疏导方案。

（4）选定具体路网，对本章提出的疏导策略进行应用，并将仿真分析的结果与已有疏导方法进行对比。结果表明，基于 VMS 的疏导策略可以更为有效地抑制交通事件的影响范围，减少交通事件引发的拥堵延误。

第七章 结论与展望

第一节 主要研究结论

本书以城市道路为研究对象,揭示了交通事件影响下的交通流运行规律,分析了不同路网条件下交通事件的影响扩散机理,探讨了面向交通事件的城市道路交通拥堵疏导策略。本书的主要研究结论可具体归纳如下:

(1)基于元胞长度的可变设计、交通事件发生后主要特征参数的变化以及事件发生位置对元胞划分方式的影响,对传统的元胞传输模型进行了改进,构建了交通事件影响下基于CTM的网络交通流模型(ECTM)。

(2)基于ECTM模型,提出了事件影响长度的概念,用以定量表征交通事件影响范围,并结合路段行程时间、平均拥堵延误、平均行程速度及事件影响长度等指标共同构建了交通事件影响评价指标体系。根据普通城市道路的交通特性,构建了普通城市道路交通事件影响范围预测模型(ECTM-R),并选取南京市主城区局部路网的实测数据进行验证分析,结果表明仿真数据的变化趋势与实测数据基本一致。通过仿真分析,与已有模型(SCTM模型)进行对比,比较了两种模型下的交通事件影响评价指标及误差,结果表明ECTM-R模型的准确性更高。基于此模型,选取事发位置、渠化区流向划分比例及渠化区长度三个因素,分别对不同因素状态下事件影响评价指标的变化情况进行仿真分析。

(3)结合城市快速路的交通特性及ECTM模型,构建了城市快速路交通事件影响范围预测模型（ECTM-F）。通过对北京市局部快速路网的实例分析及与 SCTM 模型的对比分析表明，依据 ECTM-F 获取的仿真数据与实测数据的变化趋势基本吻合，且此模型的准确性要高于 SCTM 模型。分别基于 ECTM-R 与 ECTM-F 模型，研究了在高峰时段与平峰时段下，交通事件发生后城市快速路与普通城市道路的交通状态变化，并对两种不同路网条件下的交通事件影响差异进行描述。结果表明，当交通事件发生于平峰时段的城市快速路时，拥堵延误及事件影响范围的增长速度及下降速度均要高于普通城市道路；当交通事件发生于高峰时段的城市快速路时，指标值的增长速度仍比普通城市道路要高，但其下降速度却要低于普通城市道路。

（4）基于 ECTM-R 模型，将预测所得的事件影响范围划分为三个不同的处置区域：处置区、控制区及预警区，并针对不同的区域特征分别提出了不同的疏导目的及疏导策略。在此基础上，以控制区为研究对象，提出了结合蚁群算法及正交试验设计的交通流疏导模型，并结合所选定的路网及实测数据，快速生成了交通事件疏导配流方案。通过与已有模型获取的配流方案进行对比分析，比较了两种配流方案下的交通事件影响评价指标。结果表明，应用基于正交设计及蚁群算法的动态疏导模型后所获取的配流方案更为均衡合理。

（5）基于快速路交通事件的基本特性，提出了快速路交通事件疏导策略的总体目标。基于此目标，结合 ECTM-F 模型，确定了事件处置区域的划分方法，提出了针对不同处置区域的基于 VMS 的快速路交通事件疏导策略，并将此策略应用于具体路网，结果表明此策略较已有疏导方法可以更有效地抑制交通事件的影响范围。

第二节　主要创新点

本书的主要创新点可归纳如下：

（1）基于元胞传输模型，以交通流密度作为状态变量，针对交通事件发生的不同位置，调整了元胞的划分方式，将特征差异较大的事发路段与正常运行路段进行区别分析，重新确定了事件影响下各个元胞的发送函数及接受函数，并以实际采集的交通事件下的检测器数据为依据，构建了交通事件影响下的网络交通流模型（ECTM），真实描述了事件发生后各路段的交通流状态，有效弥补了 CTM 模型精度较低的固有缺陷。

（2）依据交通运行特征，将元胞划分为混行元胞及渠化元胞两种类型。在提出基本模型假设的基础上，通过综合考虑交叉口的渠化、信号配时及道路开口等道路基本特征对交通流的影响，避免了 CTM 模型中对节点的简单处理，真实反映了不同连接方式的元胞之间的流量传输方式，建立了普通城市道路交通事件影响范围预测模型（ECTM-R）。选取南京市主城区局部路网的实测数据进行了参数标定及验证分析，结果表明仿真数据的变化趋势与实测数据基本一致。与已有模型（SCTM 模型）进行对比分析，结果表明 ECTM-R 模型的准确性更高。

（3）在 ECTM 模型的基础上，基于在路段模型中亚稳态对交通流的影响，真实刻画快速路交通流运行中的典型现象，并在节点模型中基于出入口匝道对交通流传播的影响，构建了城市快速路交通事件影响范围预测模型（ECTM-F）。通过对北京市局部快速路网的实例分析及与 SCTM 模型的对比分析，结果表明，依据 ECTM-F 获取的仿真数据与实测数据的变化趋势基本吻合，且此模型的准确性要高于 SCTM 模型。分别基于 ECTM-F 与 ECTM-R 模型，研究了在高峰时段与平峰时段下，交通事件发生后城市快速路与普通城市道路的交通状态变化，对比描述了两种不同路网条件下的交通事件影响差异。

（4）利用正交试验设计中均匀分散、齐整可比的特性，有效弥补了蚁群算法搜索时间长、易陷于局部最优解的两个主要缺陷，建立了基于正交设计及蚁群算法的动态疏导模型，并结合所选定的路网及实测数据，快速生成了控制区内交通事件的疏导配流方案。通过与已有模型获取的配流方案进行对比分析，比较了两种配流方案下的交通事件影响评价指标。结果表明，应用基于正交设计及蚁群算法的动态疏导模型后所获取的配流方案更为均衡合理。

第三节　研究工作展望

城市道路交通事件的影响涉及诸多方面，包括道路网络、出行者、交通需求等。要全面揭示交通事件对城市道路的影响还有许多工作要做。本书的研究仍有一些不足之处，因此，以下问题有必要进一步深入探讨：

（1）在实际的交通网络中，起讫点之间的流量并非是恒定的，今后需考虑当起讫点之间的交通需求发生随机波动时，对交通流状态产生的影响。

（2）本书构建的 ECTM-F 模型不考虑快速路匝道具有信号控制的情况，下一步的研究可以考虑匝道存在信号控制的情况下，当匝道车流行驶的优先权发生变化时，对交通事件影响传播的作用。

（3）本书分别对普通城市道路与城市快速路进行了交通事件影响分析及疏导策略研究，下一步可深入探讨普通城市道路与城市快速路的集成建模理论及集成控制策略。

（4）在普通城市道路网中，行人与非机动车对交通流会产生重要的影响，可进一步研究混合交通流的背景下交通事件影响范围的预测模型。

（5）元胞传输模型的计算效率较高，但精度受限，因此今后可以考虑与其他交通流理论混合建模，提高计算精度。